Guia Rápido Kubernetes

2022

Nigel Poulton   @nigelpoulton

nigelpoulton.com

Sobre esta edição

Esta é a edição em Português.

Ela foi escrita por Nigel Poulton e traduzida por Magno Logan.

Aproveite o livro e divirta-se com Kubernetes!

Capa por **@okpaul**
twitter.com/okpaul

ISBN 9781916585096

Conteúdo

Sobre o livro

Como o título indica, este é um **guia rápido** para o Kubernetes. Ele não tenta cobrir tudo sobre o Kubernetes. Ele cobre o núcleo e as partes mais importantes, e as cobre da forma didática mais clara possível. É também uma ótima mistura de teoria e prática.

Para quem é o livro

Qualquer pessoa que precisa se atualizar com os fundamentos do Kubernetes e gosta de *aprender fazendo.*

Por exemplo...

Se você é um desenvolvedor e precisa descobrir o que são contêineres e Kubernetes, este livro é para você. É ótimo se você se especializa em coisas como VMware, rede, armazenamento, bancos de dados e outras disciplinas de TI tradicionais. É ótimo até mesmo para gerentes e arquitetos de TI que precisam entender os princípios básicos e colocar alguma experiência prática no seu currículo.

O que o livro cobre

Você aprenderá *porque* nós temos o Kubernetes, *o que* é e *para onde* ele está indo. Você aprenderá a arquitetura de um cluster Kubernetes, construirá um cluster, colocará uma aplicação em contêiner, irá implantá-lo, quebrá-lo, ver o Kubernetes corrigi-lo, escaloná-lo e realizar uma atualização da aplicação.

Quando terminar, você terá se iniciado no Kubernetes e estará pronto para dar os próximos passos. E como o livro é um guia rápido, você ficará atualizado rapidamente.

Isso me tornará um especialista

Não. Mas isso o iniciará em sua jornada para se tornar um especialista.

Vou saber do que estou falando se ler o livro

Sim. Bem... pelo menos sobre Kubernetes ;-)

Edição de Brochura (Capa Comum)

Uma edição em brochura de alta qualidade está disponível na Amazon em diversos países e territórios.

Kindle e outras edições de e-book

A versão diigital eletrônicas pode ser adquirida em:

- Leanpub.com
- Amazon.com.br

Uma palavra sobre letras maiúsculas

Ao longo do livro, coloco letras maiúsculas em objetos da API do Kubernetes. Uau! Ainda nem começamos e estou jogando jargões para você :-D

Simplificando, os *recursos* do Kubernetes, como Pods, Serviços, Masters e Nós, são escritos com uma letra maiúscula. Isso ajuda você a saber quando estou falando de um "Pod" em execução no Kubernetes e não de um "pod" de baleias (pod é o coletivo de baleias em inglês).

Ah, e no tópico de jargões... o livro explica cada pedaço de jargão tão claramente quanto humanamente possível.

Comentários

Se você gostou do livro e ele agregou valor para você, por favor compartilhe recomendando-o a um amigo ou amiga e deixando sua avaliação na Amazon.

Os livros vivem e morrem pelas avaliações e estrelas da Amazon, então seria excelente se você pudesse escrever uma também. Você pode escrever uma avaliação na Amazon, mesmo que tenha obtido o livro em outro lugar.

Você também pode enviar um e-mail para mim em qskbook@nigelpoulton.com.

Sobre o autor

Nigel Poulton (@nigelpoulton)

Olá, eu sou Nigel. Eu moro no Reino Unido e sou um techoholic, isto é, um aficionado por tecnologia. Na verdade, trabalhar com nuvem e contêineres é como estar *vivendo um sonho* para mim!

Meu início de carreira foi fortemente influenciado por um livro chamado *Dominando o Windows Server 2000* de Mark Minasi. Desde que o li, quis escrever meus próprios livros para poder mudar a vida das pessoas como o livro de Mark mudou a minha. Desde então, tive a sorte de ser o autor de vários livros best-sellers, incluindo *Docker Deep Dive* e *The Kubernetes Book*. Recebo tanto entusiasmo dos comentários sobre meus livros que sou apaixonado por alcançar e ajudar o maior número de pessoas possível.

Também sou autor de cursos de treinamento em vídeo campeões de vendas sobre Docker e Kubernetes. Meus vídeos são conhecidos por serem divertidos e, às vezes, muito engraçados (palavras dos leitores).

Veja uma lista completa de meus vídeos em `https://nigelpoulton.com/video-courses`

No meu site, nigelpoulton.com, você também encontra todos os meus livros, meu blog, newsletter semanal e outras coisas que estou fazendo.

Quando não estou trabalhando com contêineres e Kubernetes, estou sonhando com eles. Quando não estou sonhando com eles, estou passando um tempo com minha jovem família. Também gosto de carros esportivos americanos, jogar golfe, ler ficção científica e torcer para o Sunderland AFC (o maior time de futebol do mundo, apenas estamos passando por uma fase difícil no momento).

Estou sempre disponível para me conectar e estou sempre procurando maneiras de melhorar meus livros e vídeos. Portanto, sinta-se à vontade para me seguir ou adicionar.

- twitter.com/nigelpoulton
- linkedin.com/in/nigelpoulton/
- nigelpoulton.com

Sobre o tradutor

Magno Logan

Magno Logan é Especialista em Segurança da Informação focado em Segurança de Aplicações com mais de 10 anos de experiência no mercado. Atualmente trabalha como Pesquisador Sênior de Ameaças na Trend Micro do Canadá, onde tem focado sua pesquisa na Segurança em Kubernetes. É fundador do JampaSec Security Conference e também do capítulo da OWASP na Paraíba, onde foi líder por 5 anos. Também é membro ativo do Grupo de Assessores Técnicos de Segurança da Cloud Native Computing Foundation (CNCF Security TAG). Ele mantém um blog com artigos técncos em: https://katanasec.com.

Aplicação de Exemplo

Como este é um livro na prática, ele tem uma aplicação de exemplo.

É uma aplicação Node.js simples disponível no GitHub em:

`https://github.com/nigelpoulton/qsk-book/`

Não se preocupe com a aplicação e com o GitHub se você não for um desenvolvedor. O foco do livro é Kubernetes, não a aplicação. Ainda mais que explicamos tudo de forma simples quando falamos da aplicação e você não precisa saber usar o GitHub.

Se tiver interesse, o código da aplicação está dentro da pasta App e contém os seguintes arquivos:

- **app.js**: Este é o principal arquivo da aplicação. É uma aplicação web em Node.js.
- **bootstrap.css**: Este é o template de design da página web da aplicação.
- **package.json**: Este arquivo lista todas as dependências que a aplicação tem.
- **views**: Esta é uma pasta para o conteúdo da página web da aplicação.
- **Dockerfile**: Este arquivo diz ao Docker como montar a aplicação dentro de um container.

Finalmente, a aplicação é mantida pelo menos uma vez por ano e verificada por atualizações nos pacotes e vulnerabilidades conhecidas.

1: O que é Kubernetes

O objetivo deste capítulo é simples... descrever o Kubernetes da maneira mais clara possível. Ah, e sem colocar você para dormir.

Basicamente, o Kubernetes é um *orquestrador* de aplicações no formato de *microsserviços cloud native*.

Mas esse é um grande número de chavões em uma frase tão curta. Então, vamos dar um passo atrás e explicar:

- O que são microsserviços
- O que é cloud native
- O que é um orquestrador

O que são microsserviços

Antigamente, criavamos aplicações monolíticas. Essa é apenas uma maneira elegante de dizer que *todos os recursos da aplicação eram agrupados como um único pacote*. Se você olhar a Figura 1.1, verá que o front-end web, a autenticação, os logs, o armazenamento de dados, os relatórios... estão todos agrupados como uma única aplicação grande e feia. Eles também estão fortemente acoplados, o que significa que se você quiser mudar uma parte, terá que mudar *tudo*.

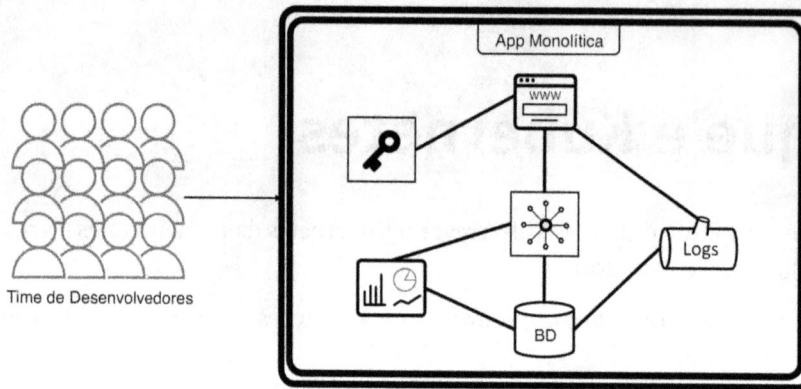

Figura 1.1

Como um exemplo rápido, se você deseja corrigir ou atualizar o recurso de relatório da aplicação na Figura 1.1, é necessário desativar a aplicação inteira e corrigir/atualizar tudo. Realmente um pesadelo! Um trabalho como esse requer uma quantidade dolorosa de planejamento, apresenta riscos e complexidade enormes e é normalmente realizado em fins de semana longos e enfadonhos no escritório, consumindo pizza e café demais.

Mas a dor das aplicações monolíticas não para por aí. Elas apresentam desafios semelhantes se você quiser escalar qualquer parte delas - dimensionar qualquer parte da aplicação significa escalar a coisa toda.

Basicamente, cada recurso da aplicação é empacotado, implantado, atualizado e dimensionado como uma única unidade. Desnecessário dizer que isso não é o ideal.

> **Nota:** Estamos generalizando neste exemplo, nem todas as aplicações foram implantadas exatamente assim. No entanto, era o modelo predominante para construção, implantação e gerenciamento de aplicaçãos.

Bem... uma aplicação de microsserviços pega exatamente o mesmo conjunto de recursos – o front-end, a autenticação, os logs, o banco de dados, os relatórios etc. – e divide cada um em sua própria mini-aplicação. É daí que vem o termo "microsserviço".

Se você observar atentamente a Figura 1.2, verá que é exatamente o mesmo conjunto de funcionalidades da aplicação. A diferença é que cada um é desenvolvido de forma independente, cada um é implantado de forma independente e cada um pode ser atualizado e dimensionado de forma independente. Mas eles trabalham juntos para criar a mesma *experiência da aplicação*. Isso significa que clientes e outros usuários da aplicação obtêm a mesma experiência.

Cada funcionalidade/microsserviço geralmente é desenvolvido e implantado como seu próprio contêiner. Por exemplo, haverá uma imagem de contêiner para o front-end, uma imagem de contêiner diferente para o microsserviço de autenticação, uma diferente para relatórios etc.

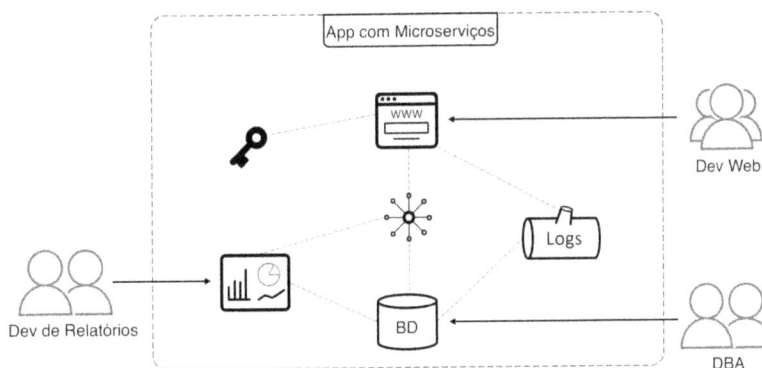

Figura 1.2

Conforme mostrado na Figura 1.2, cada microsserviço é mais fracamente acoplado. Tecnicamente falando, cada microsserviço normalmente expõe uma API em uma rede IP que os outros microsserviços usam para se conectar a ele. São muitos jargões que permitem que cada microsserviço seja mais independente.

Além da capacidade de atualizar e escalonar microsserviços independentemente, o *padrão de projeto* microsserviços se presta a equipes de desenvolvimento menores, mais ágeis e especializadas que podem desenvolver e iterar em recursos mais rapidamente. Isso é baseado na *regra dos times de duas pizzas* cunhada por Jeff Bezos que afirma que se você não pode alimentar uma equipe de desenvolvimento com duas pizzas, a equipe é muito grande. De modo geral, equipes de 2 a 8 podem se comunicar e trabalhar juntas com menos política e mais agilidade do que equipes maiores.

Existem outras vantagens no padrão de projeto de microsserviços, mas você entende o cenário - desenvolver recursos como microsserviços independentes permite que eles sejam desenvolvidos, implantados, atualizados, dimensionados e muito mais, sem impactar qualquer outra parte do aplicação.

No entanto, microsserviços não são tudo flores. Eles podem se tornar complexos com muitas partes móveis gerenciadas por equipes diferentes. Isso requer um gerenciamento cuidadoso.

Finalmente, essas duas maneiras de projetar aplicações - monolítico versus microsserviços - são chamadas de *padrões de projeto*. O padrão de projeto de microsserviços é o padrão de projeto predominante com contêineres.

Em resumo, um aplicação de microsserviços é feito de muitas partes pequenas e especializa-das que são fracamente acopladas para criar um aplicação útil.

O que é nativo da nuvem

Este é fácil, pois já cobrimos uma parte anteriormente.

Um aplicação *cloud-native* deve:

- Escalar sob demanda
- Se recuperar automaticamente
- Suportar a atualizações contínuas com tempo zero de inatividade (zero downtime)
- Executar em qualquer lugar que tenha Kubernetes

Agora, então. Esta não é uma definição oficial de nativo da nuvem, mas a mantém simples e fácil de entender.

Vamos apenas levar um segundo para definir o que algumas dessas palavras-chaves signifi-cam.

Escalar sob demanda é a capacidade de um aplicativo e a infraestrutura associada aumenta-rem ou diminuirem automaticamente com base na demanda. Se configurado corretamente, o Kubernetes pode dimensionar automaticamente seus aplicativos e infraestrutura quando a demanda aumenta e reduzi-los quando a demanda diminui.

Isso não apenas ajuda as empresas a reagir mais rapidamente a mudanças inesperadas, mas também pode ajudar a reduzir os custos de infraestrutura durante a redução.

O Kubernetes também pode *auto-recuperar* aplicativos e microsserviços individuais. Isso requer um pouco mais de conhecimento do Kubernetes, que abordaremos mais tarde. Mas, por enquanto, ao implantar uma aplicação no Kubernetes, você diz ao Kubernetes como essa aplicação deve se parecer - coisas como quantas instâncias de cada microsserviço e a quais redes se conectar. O Kubernetes salva isso como seu *estado desejado (desired state)* e observa sua aplicação para garantir que ela sempre corresponda ao seu *estado desejado*. Se algo mudar, pode ser uma falha da instância, o Kubernetes percebe isso e inicia uma substituição. Isso é chamado de *auto-cura ou auto-recuperação (self-healing em inglês)*.

Atualizações contínuas com zero de inatividade é apenas uma maneira elegante de dizer que você pode atualizar partes de uma aplicação de forma incremental sem ter que desligá-la e sem que os clientes percebam. É muito interessante e veremos isto em ação mais na frente.

Um último ponto de interesse sobre *cloud-native*. Uma aplicação nativa da nuvem não é uma aplicação executada apenas na nuvem pública. Não! uma aplicação nativa da nuvem pode ser executada em qualquer lugar que você tenha Kubernetes - AWS, Azure, Linode, em um datacenter local, seu cluster Raspberry Pi em casa...

Em resumo, as aplicações nativas da nuvem podem se auto-recuperar, escalar automaticamente e serem atualizadas sem tempo de inatividade. Elas também podem ser executadas em qualquer lugar onde você tenha o Kubernetes.

O que é um orquestrador

Sempre acho que uma analogia ajuda com isso.

Considere uma orquestra. É um grupo de músicos individuais que tocam diferentes instrumentos musicais. Cada músico e instrumento pode ser diferente e ter uma função diferente quando a música começa. São violinos, violoncelos, harpas, oboés, flautas, clarinetes, trombetas, trombones, tambores e até triângulos. Cada um é diferente e tem um papel diferente na orquestra.

Conforme mostrado na Figura 1.3, cada um é um indivíduo e não recebeu uma função - é uma bagunça, o tambor está até de cabeça para baixo.

Figura 1.3

Um *condutor* vem com a partitura e impõe a ordem. Ela agrupa as cordas na frente do palco, sopro no meio, metais um pouco mais para trás e percussão alta bem atrás. Ela também dirige tudo - dizendo a cada grupo quando tocar, quão alto ou baixo e quão rápido tocar.

Em sumo, o maestro pega o caos da Figura 1.3, impõe a ordem na Figura 1.4 e produz uma bela música ao longo do caminho.

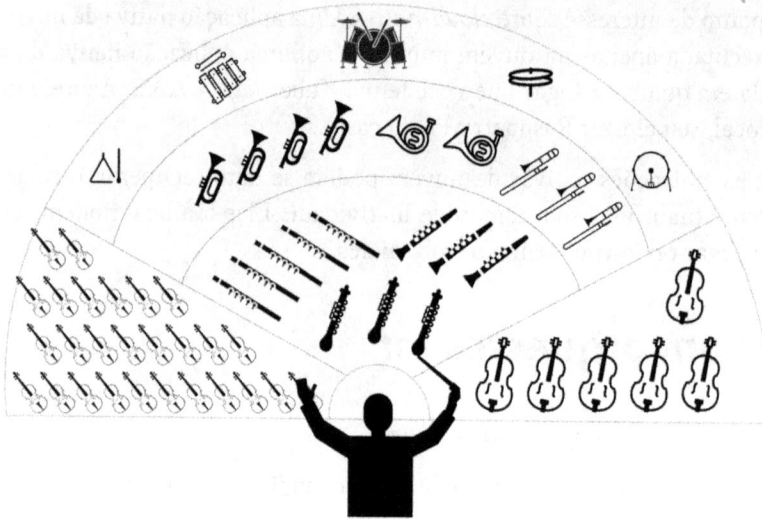

Figura 1.4

Bem... as aplicações de microsserviços nativos da nuvem são como orquestras. Sério, vamos entender...

Cada aplicação nativa da nuvem é feita de vários pequenos microsserviços que realizam trabalhos diferentes. Algumas atendem a solicitações da web, algumas autenticam sessões, algumas fazem log, algumas persistem dados, algumas geram relatórios. Mas, assim como uma orquestra, elas precisam de alguém, ou algo, para organizá-las em uma aplicação útil.

Isso é o Kubernetes.

O Kubernetes pega uma confusão de microsserviços independentes e os organiza em um aplicativo significativo, conforme mostrado na Figura 1.5. Conforme mencionado anteriormente, ele pode dimensionar a aplicação, autocurá-la, atualizá-la e muito mais.

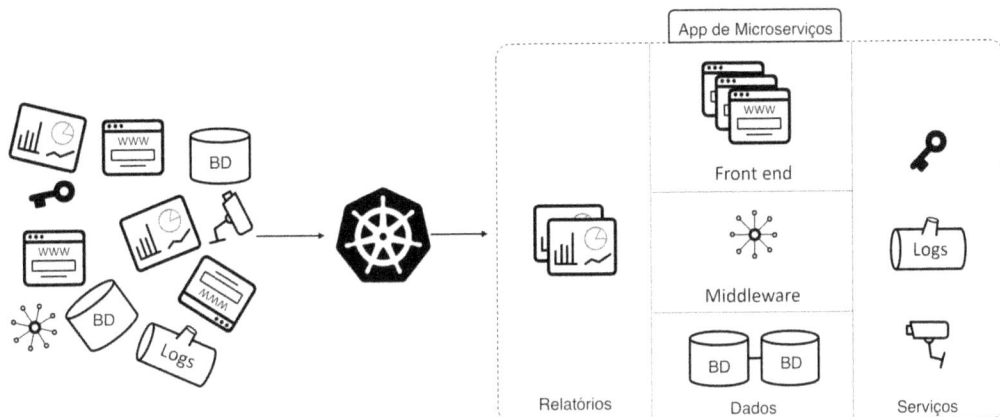

Figura 1.5

Em resumo, um orquestrador (como o Kubernetes) reúne um conjunto de microsserviços e os organiza em uma aplicação que agrega valor. Ele também fornece e gerencia recursos nativos da nuvem, como dimensionamento, auto-recuperação e atualizações.

Outras coisas úteis do Kubernetes para saber

O nome "Kubernetes" vem da palavra grega que significa "timoneiro", um termo náutico e de velejadores para a pessoa que dirige um navio. Veja a Figura 1.6.

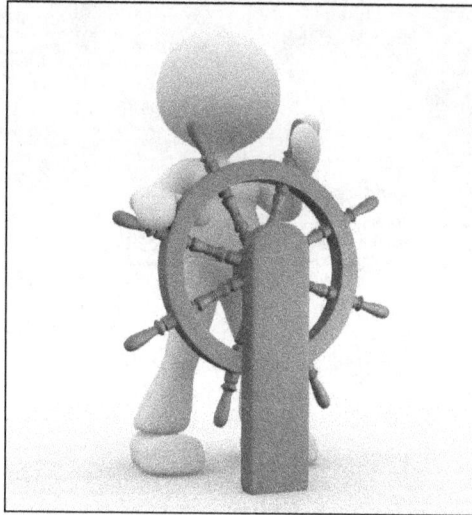

Figura 1.6

A direção de um navio também é chamado de "leme" ou "timão", obviamente de onde vem o logotipo do Kubernetes.

Figura 1.7

No entanto, se você olhar de perto, verá que o logotipo do Kubernetes tem 7 pontas em vez dos habituais 6 ou 8. Isso ocorre porque o Kubernetes é vagamente baseado em uma ferramenta interna do Google chamada "Borg", e os fundadores queriam dar o nome do Kubernetes o famoso drone Borg "Seven of Nine".

Se você sabe muito sobre Jornada nas Estrelas, saberá que Seven of Nine é um drone Borg resgatado pela tripulação da USS Voyager sob o comando da capitã Kathryn Janeway na data estelar 25479. Infelizmente, as leis de direitos autorais não permitiam o uso desse nome, mas os fundadores queriam alguma forma de referência de volta aos Borg e Star Trek, então eles deram ao logotipo sete pontas em uma referência sutil para o "Seven of Nine".

Você também verá o nome Kubernetes abreviado para "K8s", em que o número "8" representa os 8 caracteres no Kubernetes entre "K" e "s". Geralmente é pronunciado "queites" e começou a piada de que Kubernetes tem uma namorada chamada Keite.

Nada disso o tornará melhor na implantação e gerenciamento de aplicações de microserviços nativos da nuvem, mas é um conhecimento básico essencial ;-)

Resumo do capítulo

No início do capítulo, dissemos *Kubernetes é um orquestrador de aplicações de microserviços nativos da nuvem.*

Agora que descobrimos alguns jargões, você sabe o que a frase quer dizer *"O Kubernetes executa e gerencia aplicações feitas de peças pequenas e especializadas que podem se auto-recuperar, dimensionar e serem atualizadas de forma independente e sem exigir tempo de inatividade."* Essas peças especializadas são chamados de *microserviços* e cada uma geralmente é implantada em seu próprio contêiner.

Mas ainda há muito a aprender e não espero que você entenda tudo ainda. Ao longo do restante do livro, continuaremos explicando os detalhes e veremos bastantes exemplos que irão realmente esclarecer esses conceitos.

2: Por que precisamos do Kubernetes

Sem prêmios para quem adivinhar o objetivo deste capítulo ;-)

De qualquer forma, vamos dividir a conversa em duas partes:

- Por que as empresas de tecnologia precisam do Kubernetes
- Por que a comunidade de usuários precisa do Kubernetes

Ambos são importantes e desempenham um papel importante no motivo pelo qual o Kubernetes está aqui para o longo prazo. Alguns dos pontos também o ajudarão a evitar possíveis armadilhas ao iniciar o Kubernetes.

Por que as empresas de tecnologia precisam do Kubernetes

Tudo começa com a AWS.

Em meados dos anos 2000, a Amazon disparou um foguete no proverbial traseiro da indústria de tecnologia, e o mundo nunca mais foi o mesmo.

Antes de 2006, havia um status quo na indústria de tecnologia. A maioria das grandes empresas de tecnologia estava ganhando dinheiro fácil vendendo servidores, switches de rede, matrizes de armazenamento, licenças para aplicativos monolíticos e muitas outras coisas. Então, do outro lado do campo, a Amazon lançou a AWS e virou o mundo delas de cabeça para baixo. Foi o nascimento da computação em nuvem moderna.

No início, nenhuma das grandes empresas prestou muita atenção - elas estavam muito ocupados arrecadando o dinheiro vendendo as mesmas coisas que vinham vendendo por décadas. Na verdade, algumas das principais empresas de tecnologia pensaram que poderiam acabar com a ameaça da AWS por meio de campanhas grosseiras de desinformação. Eles começaram dizendo que a nuvem não era uma coisa real. Quando isso não funcionou, eles fizeram uma virada de 360° completa, admitiram que era real e imediatamente renomearam seus produtos existentes como "nuvem". Quando isso não funcionou, eles começaram a construir suas próprias nuvens e, desde então, estão tentando recuperar o atraso.

Duas coisas a serem observadas.

Primeiro, essa é *a versão condensada da história da nuvem de acordo com Nigel.*

Em segundo lugar, a desinformação inicialmente espalhada pela indústria de tecnologia é conhecida como *medo incerteza e dúvida (FUD em inglês).*

De qualquer forma, vamos entrar em mais detalhes.

Depois que a AWS começou a roubar clientes e negócios em potencial, a indústria precisava de um contra-ataque. A primeira grande retaliação foi o OpenStack. Para resumir a história, o OpenStack foi um projeto da comunidade que tentou criar uma alternativa de código aberto para a AWS. Foi um projeto nobre e muita gente boa contribuiu. Mas, no final das contas, isso nunca ameaçou a AWS – a Amazon tinha uma vantagem muito grande e tinha a faca e o quejo na mão. O OpenStack se esforçou bastante, mas a AWS o venceu sem perder o ritmo.

Então, a indústria estava de volta à prancheta.

Enquanto tudo isso acontecia, e mesmo antes, o Google estava usando contêineres Linux para executar a maioria de seus serviços em grande escala – o Google vinha implantando bilhões de contêineres por semana desde muito tempo. Programar, agendar e gerenciar esses bilhões de contêineres era uma ferramenta interna proprietária do Google chamada *Borg*. Google sendo Google, eles aprenderam um monte de lições usando o Borg e construíram um sistema mais novo chamado *Omega*.

De qualquer forma, algumas pessoas dentro do Google queriam pegar as lições aprendidas com Borg e Omega e construir algo melhor e torná-lo open-source e disponível para a comunidade. E foi assim que o Kubernetes surgiu no verão de 2014.

Bem, o Kubernetes não é uma versão de código aberto do Borg ou Omega. É um novo projeto, construído do zero, para ser um orquestrador de código aberto de aplicações contêinerizadas. Sua conexão com o Borg e o Omega é que seus desenvolvedores iniciais eram Googlers envolvidos com o Borg e o Omega e que ele foi criado com as lições aprendidas das tecnologias internas proprietárias do Google.

De volta à nossa história sobre a AWS tomando conta do mercado...

Quando o Google abriu o código do Kubernetes em 2014, o Docker estava conquistando o mundo. Como resultado, o Kubernetes foi visto principalmente como uma ferramenta para nos ajudar a gerenciar o crescimento explosivo de contêineres. E isso é verdade, mas é apenas metade da história. O Kubernetes também faz um trabalho incrível de *abstração* da infraestrutura de nuvem e de servidor subjacente – basicamente *comoditizando a infraestrutura.*

Espere alguns segundos para a última frase fazer mais sentido.

"Abstraindo e comoditizando a infraestrutura" é uma maneira sofisticada de dizer que *Kubernetes faz com que você não precise se preocupar com a nuvem ou os servidores em que seus aplicativos estão sendo executados.* Na verdade, esse é o cerne da noção de que *Kubernetes é o sistema operacional (SO) da nuvem.* Então, da mesma forma que Linux e Windows significam que você não precisa se preocupar se seus aplicativos estão sendo executados em servidores da Dell, Cisco, HPE ou do Nigel Poulton... Kubernetes significa que você não tem que se preocupar se seus aplicativos estão sendo executados na nuvem AWS ou na nuvem Nigel Poulton :-D

A abstração de nuvens significa que o Kubernetes apresentou uma oportunidade para o setor de tecnologia eliminar o valor da AWS – basta escrever seus aplicativos para serem executados no Kubernetes e não faz diferença qual nuvem está por baixo. Graças ao Kubernetes, o jogo foi nivelado.

É por isso que todo fornecedor é apaixonado pelo Kubernetes e o coloca em destaque em suas ofertas. Isso cria um futuro longo, forte e brilhante para o Kubernetes. O que, por sua vez, dá à comunidade de usuários uma tecnologia neutra e segura em relação ao fornecedor para apostarem em seu futuro na nuvem.

Falando de usuários finais...

Por que a comunidade de usuários precisa do Kubernetes

Acabamos de defender um futuro longo e brilhante para o Kubernetes, com todas as principais empresas de tecnologia por trás dele. Na verdade, ele cresceu tão rapidamente e se tornou tão importante que até a Amazon o abraçou com relutância. Isso mesmo, mesmo a poderosa Amazon e a AWS não puderam ignorar o Kubernetes.

De qualquer forma, a comunidade de usuários precisa de plataformas nas quais possa construir, com a certeza de que a plataforma será um bom investimento em tecnologia de longo prazo. Do jeito que as coisas estão, o Kubernetes parece que vai durar muito tempo.

Outro motivo pelo qual a comunidade de usuários precisa e adora o Kubernetes é o retorno à noção de *Kubernetes como o sistema operacional da nuvem.*

Já dissemos que o Kubernetes pode abstrair a infraestrutura local e na nuvem, permitindo que você escreva seus aplicativos para serem executados no Kubernetes, mesmo sem saber qual nuvem está por trás disso. Bem, isso tem alguns benefícios adicionais, incluindo:

- Você pode implantar em uma nuvem hoje e mudar para outra amanhã
- Você pode executar várias nuvens (multi-cloud)
- Você pode mais facilmente ir para uma nuvem e, em seguida, voltar para o on-prem

Basicamente, os aplicativos escritos para o Kubernetes serão executados em qualquer lugar que você tenha o Kubernetes. É muito parecido com escrever aplicativos para Linux - se você escrever seus aplicativos para funcionar no Linux, não importa se o Linux está sendo executado em servidores Supermicro em sua garagem ou em instâncias na nuvem da AWS do outro lado do planeta.

Tudo isso é bom para os usuários finais. Quero dizer, quem não quer uma plataforma que traga flexibilidade e tenha um futuro sólido!

Resumo do capítulo

Neste capítulo, você aprendeu que as principais empresas de tecnologia precisam que o Kubernetes seja um sucesso. Isso cria um futuro sólido para o Kubernetes e o torna uma plataforma segura para usuários e empresas investirem. O Kubernetes também abstrai a infraestrutura subjacente da mesma forma que sistemas operacionais como Linux e Windows. É por isso que você vai ouvi-lo ser referido como *o sistema operacional da nuvem.*

3: Como é o Kubernetes

Já dissemos que o Kubernetes é o *SO da nuvem*. Como tal, ele fica entre as aplicações e a infraestrutura. O Kubernetes é executado na infraestrutura e as aplicações são executadas no Kubernetes. Isso é mostrado na Figura 3.1

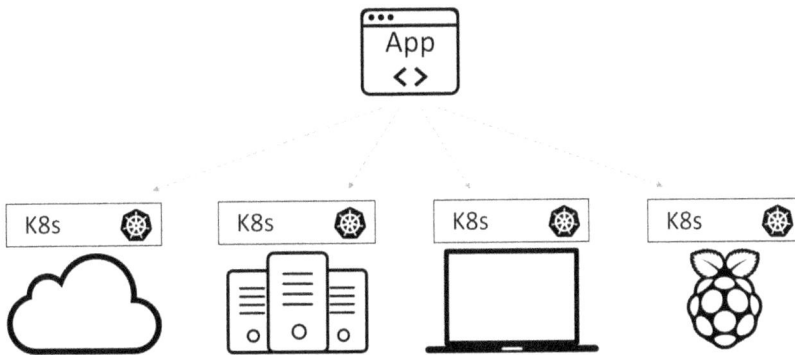

Figura 3.1

O diagrama mostra 4 instalações do Kubernetes em execução em 4 plataformas de infraestrutura diferentes. Como o Kubernetes abstrai a infraestrutura subjacente, a aplicação no topo do diagrama pode ser executada em qualquer uma das instalações do Kubernetes. Você também pode migrá-la de uma instalação do Kubernetes para outra.

Chamamos uma instalação do Kubernetes de *Kubernetes cluster*.

Há algumas coisas que vale a pena esclarecer sobre a Figura 3.1.

Em primeiro lugar, é incomum para um único cluster Kubernetes abranger várias infraestruturas. Por exemplo, você provavelmente não verá clusters do Kubernetes que abrangem várias nuvens. Da mesma forma, é improvável que você veja clusters que abrangem on premises e a nuvem pública. Isso se deve principalmente à velocidade e confiabilidade da rede. De modo geral, você deseja redes confiáveis de alta velocidade conectando os nós em um cluster.

Em segundo lugar, embora o Kubernetes possa ser executado em muitas plataformas, as aplicações executadas no Kubernetes têm requisitos mais rígidos. Você verá isso mais tarde no capítulo, mas as aplicações do Windows só serão executadas em clusters Kubernetes com nós do Windows, as aplicações do Linux serão executadas apenas em clusters com nós do Linux e as aplicações escritas para ARM/Raspberry Pis requerem clusters com nós ARM.

Plano de Controle (Master Node) e Nós

Um *Kubernetes cluster* é uma ou mais máquinas com Kubernetes instalado. As *máquinas* podem ser servidores físicos, máquinas virtuais (VM), instâncias na nuvem, seu laptop, Raspberry Pis e muito mais. Instalar o Kubernetes nessas máquinas e conectá-los cria um *Kubernetes cluster*. Você pode então implantar aplicações no cluster.

Normalmente nos referimos às máquinas em um cluster Kubernetes como *nós*.

Por falar em nós, um cluster Kubernetes tem dois tipos de nós:

- Nós Mestres (Master Nodes)
- Nós de Trabalho (Worker Nodes)

Normalmente chamamos os nós mestres de "Plano de Controle" e os nós de trabalho apenas "Nós".

Os nós mestres hospedam o plano de controle e os nós de trabalho são onde você executa as aplicações do usuário.

A Figura 3.2 mostra um cluster Kubernetes de 6 nós com 3 mestres e 3 nós. É uma boa prática que os Nós Mestres executem exclusivamente serviços de Plano de Controle (sem aplicações do usuário). Todos as aplicações do usuário devem ser executados em nós de trabalho.

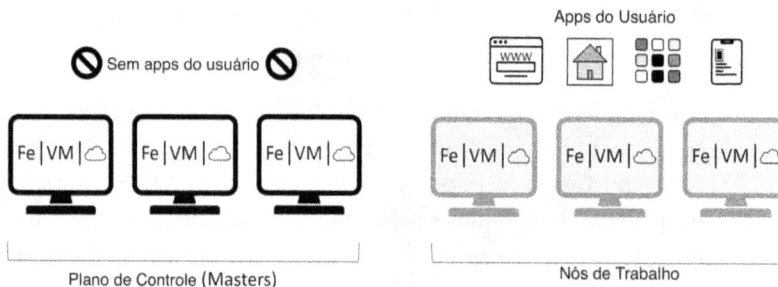

Figura 3.2

Master Nodes

Os nós mestres hospedam *o plano de controle.* Essa é uma maneira elegante de dizer os cérebros do cluster.

Com isso em mente, é uma boa prática ter mais de um Nó Mestre para alta disponibilidade (HA). Dessa forma, se um deles falhar, o cluster pode permanecer operacional. É comum ter 3 ou 5 Nós Masters em um cluster de produção e distribuí-los por domínios de falha - não os coloque todos no mesmo local, sob a mesma unidade de ar condicionado com vazamento e com o mesmo fornecimento de eletricidade defeituoso.

A Figura 3.3 mostra um plano de controle altamente disponível com 3 mestres. Cada um está em um domínio de falha separado com infraestruturas de rede separadas e infraestruturas de energia separadas, etc.

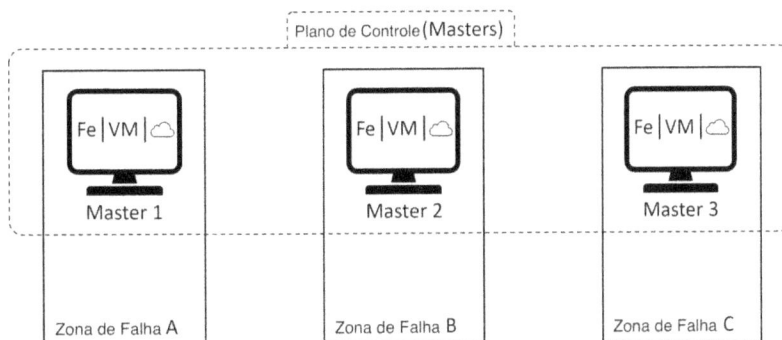

Figura 3.3

Os mestres executam os seguintes serviços que formam o plano de controle (cérebro dos clusters):

- Servidor de API (API Server)
- Agendador (Scheduler)
- Armazenamento de Dados (etcd)
- Gerenciador de Controle da Nuvem (Cloud Controller Manager)
- Mais...

O *API Server* é a **única** parte de um cluster Kubernetes com o qual você interage diretamente. Quando você envia comandos para o cluster, eles vão para o servidor API. Quando você recebe respostas, elas vêm do servidor API.

O *Scheduler* escolhe em quais nós executar as aplicações do usuário.

O *etcd* é onde o estado do cluster e todos as aplicações são armazenadas.

O *Cloud Controller* permite que o Kubernetes se integre a serviços de nuvem, como volumes de armazenamento e balanceadores de carga. Os exemplos práticos nos capítulos posteriores integram um balanceador de carga da nuvem com uma aplicação que você implantará em um cluster Kubernetes.

Existem mais serviços em um Plano de Controle do Kubernetes, mas esses são os mais importantes para este livro.

Worker Nodes

Os nós de trabalho executam aplicações do usuário e podem ser Linux ou Windows. Os nós do Linux executam aplicações Linux, enquanto os nós do Windows executam aplicações do Windows.

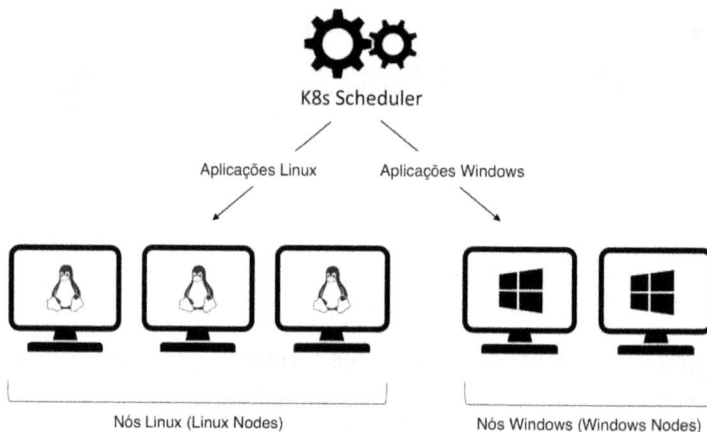

Figura 3.4

Todos os nós executam alguns serviços que vale a pena conhecer:

- Kubelet
- Container Runtime

O `kubelet` é o principal agente do Kubernetes. Ele une o Nó ao cluster e se comunica com o plano de controle - coisas como receber tarefas e relatar o status das tarefas.

O *container runtime* inicia e para os conteineres.

> **Observação**: Kubernetes costumava usar o Docker como o container runtime. No entanto, o Kubernetes 1.22 anunciou que o suporte para o container runtime do Docker seria descontinuado em uma versão futura do Kubernetes. Embora o Kubernetes pare de suportar o Docker como um container runtime, **ele continuará a dar suporte às imagens criadas pelo Docker**. Na verdade, o Docker e o Kubernetes estão em conformidade com os padrões da Open Container Initiative (OCI) para imagens de contêiner. Tirando todas as siglas e jargões... imagens de contêineres criadas pelo Docker são 100% compatíveis com Kubernetes.

Kubernetes Gerenciado (Hosted Kubernetes)

Kubernetes Gerenciado é onde seu provedor de nuvem aluga um cluster Kubernetes para você. Às vezes, nós o chamamos de *Kubernetes as a service (KaaS - Kubernetes como serviço)*.

Como você verá em capítulos posteriores, o Kubernetes gerenciado é uma das maneiras mais simples de obter um cluster Kubernetes.

No modelo gerenciado, o provedor de nuvem constrói o cluster Kubernetes, gerencia o plano de controle e é responsável por todos os itens a seguir:

- Plano de Controle de Desempenho
- Plano de Controle de Disponibilidade
- Plano de Controle de Atualizações

Você é responsável por:

- Nós de trabalho
- Aplicações do usuário
- Pagar a conta

A Figura 3.5 mostra a arquitetura básica do Kubernetes hospedado.

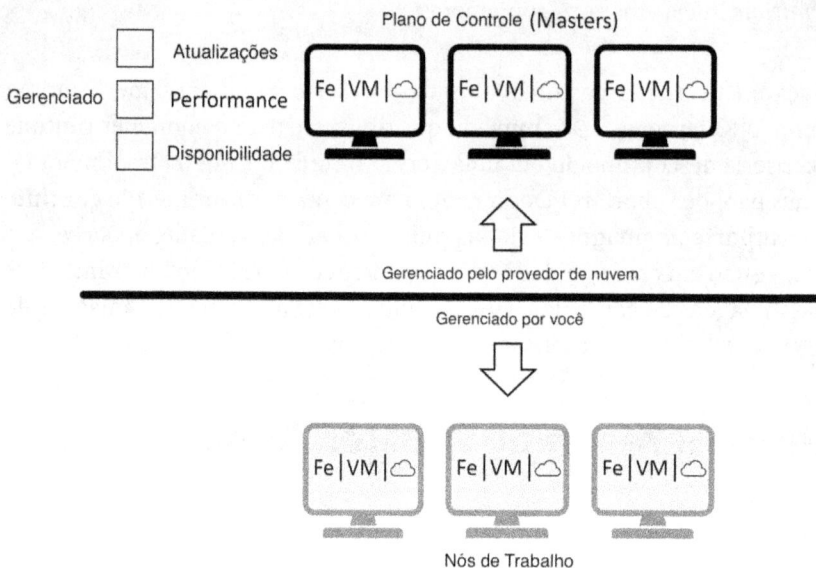

Figura 3.5

A maioria dos provedores de nuvem possuem seus próprios serviços de Kubernetes gerenciado. Alguns dos mais populares incluem:

- AWS: Elastic Kubernetes Service (EKS)
- Azure: Azure Kubernetes Service (AKS)
- DO: Digital Ocean Kubernetes Service (DOKS)
- GCP: Google Kubernetes Engine (GKE)
- Linode: Linode Kubernetes Engine (LKE)

Outros existem, e nem todos os serviços gerenciados do Kubernetes são iguais. Como um exemplo rápido... Linode Kubernetes Engine (LKE) é um dos mais simples de configurar e usar. No entanto, ele não possui alguns dos recursos e opções de configuração oferecidos por outros. Você deve tentar alguns deles antes de decidir qual é o melhor para você.

Gerenciando Kubernetes com a ferramenta de linha de comando kubectl

A maior parte do gerenciamento diário de um cluster Kubernetes é feito usando a ferramenta de linha de comando Kubernetes chamada kubectl. Existem várias maneiras de pronunciá-lo, mas eu o pronuncio "cube ce te ele".

As tarefas de gerenciamento incluem implantar e gerenciar aplicações, verificar a integridade do cluster e das aplicações e realizar atualizações no cluster e nas aplicações.

Você pode obter o kubectl para Linux, Mac OS, Windows e vários sistemas operacionais para ARM/Raspberry Pi.

O seguinte comando kubectl lista todos os nós mestres e nós de trabalho em um cluster. Você executará muitos comandos práticos nas seções práticas nos capítulos seguintes.

```
$ kubectl get nodes
NAME                  STATUS    ROLES                    AGE    VERSION
qsk-book-server-0     Ready     control-plane,master     12s    v1.22.0
qsk-book-agent-2      Ready     <none>                   10s    v1.22.0
qsk-book-agent-0      Ready     <none>                   13s    v1.22.0
qsk-book-agent-1      Ready     <none>                   11s    v1.22.0
```

Resumo do capítulo

Neste capítulo, você aprendeu que um cluster Kubernetes compreende nós mestres e nós de trabalho. Eles podem ser executados em quase qualquer lugar, incluindo servidores bare metal, máquinas virtuais e na nuvem. Os mestres executam os serviços de back-end que mantêm o cluster em execução, enquanto os nós de trabalho são onde as aplicações de negócios são executadas.

A maioria das plataformas de nuvem oferece um serviço Kubernetes gerenciado que facilita o acesso a um cluster de *"nível de produção"* em que o provedor de nuvem gerencia o desempenho, a disponibilidade e as atualizações. Você gerencia os nós de trabalho e paga a conta.

Você também aprendeu que kubectl é a ferramenta de linha de comando do Kubernetes.

4: Como obter o Kubernetes

Existem várias maneiras de obter o Kubernetes. Ele roda em tudo, desde laptops e clusters Raspberry Pi domésticos, até clusters de alto desempenho com alta disponibilidade na nuvem.

Como este é um livro de *guia rápido*, mostrarei duas das maneiras mais fáceis de obter o Kubernetes:

- Kubernetes em seu laptop com Docker Desktop
- Kubernetes na nuvem com Linode Kubernetes Engine (LKE)

Qualquer uma dessas opções permitirá que você acompanhe os exercícios práticos ao longo do livro. Se você já tem um cluster do Kubernetes funcionando, você poderá usá-lo para acompanhar.

Kubernetes em seu laptop com Docker Desktop

Há muitas maneiras de obter o Kubernetes em seu laptop, mas escolhi o Docker Desktop porque é provavelmente o mais fácil e é atualizado regularmente. Outras opções que valem a pena investigar incluem minikube e k3d.

O que você obtém com o Docker Desktop

Como o nome sugere, você obtém o Docker. No entanto, você também obtém um cluster Kubernetes de nó único que é ótimo para desenvolvimento e aprendizado – você *não* quer usá-lo para produção. Você também obtém o utilitário de linha de comando Kubernetes (kubectl).

Esse conjunto de ferramentas significa que você pode usar o Docker para criar aplicações em imagens de contêiner e, em seguida, implantá-las em um cluster Kubernetes certificado. Nada mal para uma ferramenta gratuita que é fácil de baixar e usar.

Instalando o Docker Desktop

Você pode instalar o Docker Desktop em qualquer laptop Windows 10 ou Mac OS. Basta ir para docker.com e encontrar o link de download. Depois disso, é um instalador Next Next Finish que requer privilégios de administrador.

Após a conclusão da instalação, pode ser necessário iniciar manualmente o Kubernetes. Faça isso clicando no ícone de baleia (na barra de menu superior no Mac OS ou na barra de tarefas no canto inferior direito do Windows), escolhendo Preferências > Kubernetes e selecionando a caixa de seleção Habilitar Kubernetes. Veja a Figura 4.1.

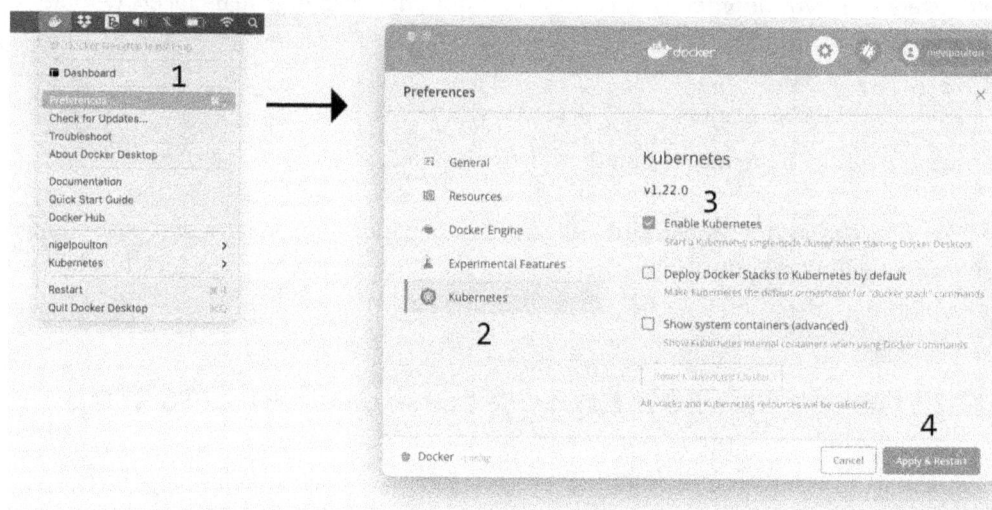

Figura 4.1

Depois de instalado, ele executa o Docker nativamente no Mac OS e no Windows. Se você for um usuário do Mac, seu cluster Kubernetes de nó único será executado dentro de uma VM leve. Se você for um usuário do Windows 10, poderá habilitar o WSL 2 e fazer com que seu cluster seja executado nativamente.

Uma palavra rápida sobre Docker Desktop no Windows 10. Versões recentes do Windows 10 e Docker Desktop suportam o subsistema WSL 2. WSL significa Windows Subsystem for Linux, que é uma maneira inteligente de executar software Linux no Windows. Se você for solicitado a habilitar o WSL 2, diga "sim" e siga as instruções.

Você deve alternar o Docker Desktop para o modo *Contêineres do Linux* para seguir os exemplos no restante do livro. Para fazer isso, clique com o botão direito do mouse na baleia do Docker na barra de tarefas e escolha Alternar para contêineres Linux. Isso permitirá que sua máquina Windows 10 execute contêineres Linux.

Você pode executar os seguintes comandos em um terminal para verificar a instalação:

```
$ docker --version
Docker version 20.10.0-rc1, build 5cc2396

$ kubectl version -o yaml
clientVersion:
  <Snip>
  gitVersion: v1.22.0
  major: "1"
  minor: "22"
  platform: darwin/amd64
serverVersion:
  <Snip>
  gitVersion: v1.22.0
  major: "1"
  minor: "22"
  platform: linux/amd64
```

A saída do comando foi reduzida para facilitar a leitura.

Neste ponto, você tem o Docker e um cluster Kubernetes de nó único em execução no seu laptop e poderá acompanhar os exemplos do livro.

Kubernetes na nuvem com Linode Kubernetes Engine (LKE)

Como seria de esperar, você pode executar o Kubernetes em todas as nuvens, e a maioria das nuvens tem uma oferta de Kubernetes como serviço. Escolhi usar Linode Kubernetes Engine (LKE) para os exemplos porque é extremamente simples e cria clusters Kubernetes rapidamente. Sinta-se à vontade para usar outro cluster Kubernetes baseado em nuvem.

> **Nota:** Linode costuma ter ofertas para novos clientes. No momento em que este artigo foi escrito, os novos clientes recebem US$100 (cem dólares) de crédito gratuito que pode ser usado nos primeiros três meses após a inscrição. Isso é mais do que suficiente para completar todos os exemplos do livro.

O que você obtém com Linode Kubernetes Engine (LKE)

LKE é uma oferta hospedada do Kubernetes da Linode. Como tal:

- Custa dinheiro (embora não muito)
- É fácil de configurar
- O plano de controle é gerenciado pela Linode e escondido de você
- Oferece integrações avançadas com outros serviços em nuvem (armazenamento, balanceadores de carga etc.)

Mostraremos como construir um cluster Kubernetes com dois nós de trabalho, bem como obter e configurar o utilitário de linha de comando Kubernetes (kubectl). Posteriormente no livro, você verá como usar o Kubernetes para provisionar e utilizar um balanceador de carga Linode e integrá-lo a aplicação de exemplo.

Obtenha um cluster Linode Kubernetes Engine

Digite no seu navegador linode.com e cadastre uma conta. É um processo simples, mas você terá que fornecer detalhes de pagamento. Se você quer mesmo aprender Kubernetes, tente não se deixar desanimar. Os custos são muito baixos, desde que você se lembre de excluir seus clusters quando terminar de usá-los.

Depois de configurar e fazer login no Linode Cloud Console, clique em Kubernetes na barra de navegação à esquerda e escolha Criar um Cluster.

Escolha um cluster label (nome do cluster), Região e Versão do Kubernetes. Em seguida, adicione duas instâncias Linode 2GB Shared CPU para o seu Node Pool. A configuração é mostrada na Figura 4.2.

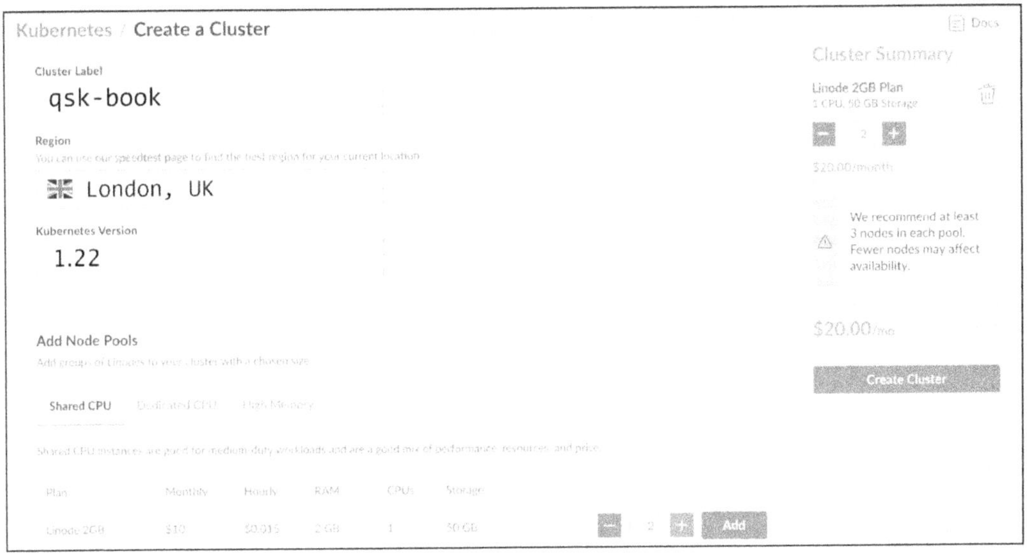

Figura 4.2

Observe cuidadosamente os custos potenciais exibidos à direita.

Clique em `Criar Cluster` quando tiver certeza de sua configuração.

A criação do cluster pode demorar um ou dois minutos.

Quando estiver pronto, o console mostrará seus dois nós como `Running` e mostrará seus endereços IP. Ele também mostrará seu `Kubernetes API Endpoint` em formato de URL.

Neste ponto, seu cluster LKE está executando com um plano de controle altamente disponível de alto desempenho que é gerenciado pela Linode e escondido de você. Ele também tem dois nós de trabalho em execução. A configuração é mostrada na Figura 4.3.

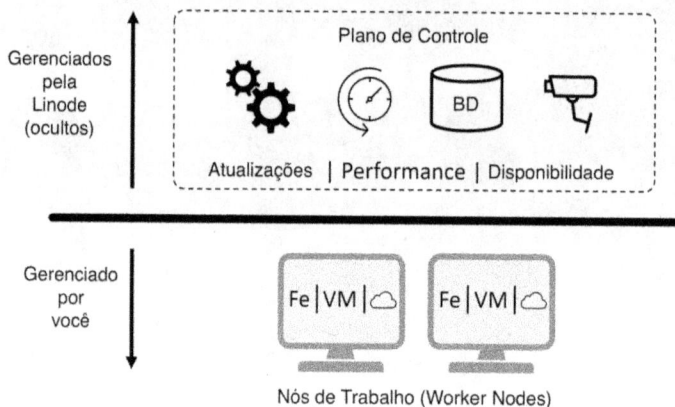

Figura 4.3

Para interagir com seu cluster, você usa o utilitário de linha de comando Kubernetes. Isso é chamado de kubectl e pode ser instalado através de um dos seguintes métodos (existem outras maneiras de instalá-lo).

Instale kubectl no Mac OS

Talvez você já tenha o kubectl instalado em seu sistema por meio de outra ferramenta, como o Docker Desktop. Antes de seguir essas etapas, verifique se você já o possui digitando kubectl na linha de comando.

A maneira mais fácil de instalar o kubectl no Mac OS é usando o Homebrew.

```
$ brew install kubectl
<Snip>


$ kubectl version --client -o yaml
clientVersion:
  <Snip>
  major: "1"
  minor: "22"
  platform: darwin/amd64
```

Instale kubectl no Windows 10

Antes de continuar, digite kubectl em uma linha de comando para se certificar de que você ainda não o instalou.

A maneira mais fácil de instalar o kubectl no Windows 10 é através do Chocolatey. Mostramos como instalá-lo usando a galeria do PowerShell em uma etapa posterior, caso você não use o Chocolatey.

```
> choco install kubernetes-cli
```

```
> kubectl version --client -o yaml
clientVersion:
  <Snip>
  major: "1"
  minor: "22"
  platform: windows/amd64
```

Se você não usar o Chocolatey, as etapas a seguir instalarão o kubectl usando as ferramentas padrão do PowerShell. Certifique-se de substituir o -DownloadLocation no segundo comando por um local de download válido em sua máquina. O -DownloadLocation é para onde kubectl será baixado e deve estar em %PATH% do seu sistema, ou você deve copiá-lo para uma pasta no %PATH% do seu sistema.

```
> Install-Script -Name 'install-kubectl' -Scope CurrentUser -Force
```

```
> install-kubectl.ps1 -DownloadLocation C:\Users\nigel\bin
```

```
> kubectl version --client -o yaml
clientVersion:
  <Snip>
  major: "1"
  minor: "22"
  platform: windows/amd64
```

Se você receber um erro "command not found", certifique-se de que kubectl esteja presente em uma pasta em %PATH%. do seu sistema.

`kubectl` agora está instalado e pronto para ser configurado para se comunicar com seu cluster Kubernetes.

Configure o kubectl para falar com o seu cluster LKE

`kubectl` tem um arquivo de configuração que contém informações e credenciais do cluster. Tanto no Mac OS quanto no Windows é chamado de `config` e está localizado nos seguintes diretórios:

- Windows 10: `C:\Users\<username>\.kube`
- Mac OS: `/Users/<username>/.kube`

Mesmo que o arquivo seja denominado `config`, nos referimos a ele como seu arquivo "kubeconfig".

A maneira mais fácil de configurar `kubectl` para se conectar ao seu cluster LKE é:

1. Faça uma cópia de backup de qualquer arquivo kubeconfig existente em seu computador
2. Baixe e use o arquivo LKE kubeconfig em seu computador

Navegue até a área Kubernetes do Linode Cloud Console, onde está a lista de clusters, e clique no link `Download kubeconfig` para seu cluster LKE. Localize o arquivo baixado, copie-o para a pasta oculta `./kube` em seu diretório inicial e renomeie-o para `config`. Você terá que renomear todos os arquivos kubeconfig existentes antes de fazer isso.

> **Nota:** Você pode ter que configurar seu computador para mostrar pastas ocultas. No Mac OS, digite `Command + Shift + ponto`. No Windows 10, digite "pasta" na barra de pesquisa do Windows (ao lado do botão inicial da bandeira do Windows) e selecione o resultado `Opções do Explorador de Arquivos`. Selecione a guia `Exibir` e clique no botão `Mostrar arquivos, pastas e unidades ocultas`.

Depois que o LKE kubeconfig é baixado e copiado para o local e nome corretos, `kubectl` deve ser configurado. Você pode testar isso com o seguinte comando.

```
$ kubectl get nodes
NAME                           STATUS    ROLES     AGE    VERSION
lke16405-20053-5ff63e4400b7    Ready     <none>    47m    v1.22.0
lke16405-20053-5ff63e446413    Ready     <none>    47m    v1.22.0
```

A saída mostra um cluster LKE com dois nós de trabalho. Você sabe que o cluster está em LKE porque os nomes dos nós começam com lke. Os nós mestres que hospedam o plano de controle não são exibidos na saída, pois são gerenciados por meu LKE e ocultados da visualização.

Neste ponto, seu cluster LKE está instalado e funcionando e você pode usá-lo para seguir os exemplos do livro.

Esteja ciente de que o LKE é um serviço em nuvem e custa dinheiro. Certifique-se de excluir o cluster quando não precisar mais dele. O esquecimento de fazer isso incorrerá em custos indesejados.

Resumo do capítulo

O Docker Desktop é uma ótima maneira de obter o Docker e um cluster Kubernetes em seu computador Windows 10 ou Mac OS. É gratuito para baixar e usar, e instala e configura automaticamente o kubectl. Não se destina ao uso em produção.

Linode Kubernetes Engine (LKE) é um serviço Kubernetes hospedado simples de usar. O Linode gerencia os recursos do plano de controle do cluster e permite dimensionar e especificar quantos nós de trabalho forem necessários. Requer que você atualize manualmente seu arquivo kubeconfig local. Também custa dinheiro executar um cluster LKE, portanto, você deve dimensioná-lo apropriadamente e lembrar de excluí-lo quando terminar.

Existem muitas outras maneiras e locais de obter o Kubernetes, mas as maneiras que mostramos aqui serão suficientes para você começar e se preparar para os próximos exemplos.

5: Criação de uma aplicação conteinerizada

Neste capítulo, você completará um típico fluxo de trabalho para construir uma aplicação em uma imagem de contêiner. Esse processo é chamado de *conteinerização* e a aplicação resultante é chamada de *aplicação conteinerizada*.

Você usará o Docker para colocar a aplicação no contêiner (criar a imagem do contêiner) e as etapas não são específicas do Kubernetes. Na verdade, você não usará o Kubernetes neste capítulo. No entanto, a aplicação conteinerizada que você criar será implantada no Kubernetes nos capítulos a seguir.

> **Observação**: *Docker e Kubernetes*. O Kubernetes iniciou o processo de descontinuação do suporte para Docker como sua container runtime padrão. No entanto, as aplicações em contêiner criadas pelo Docker ainda são 100% compatíveis com o Kubernetes. Isso ocorre porque o Kubernetes e o Docker funcionam com imagens de contêiner com base nos padrões da Open Container Initiative (OCI).

Você pode pular este capítulo se já estiver familiarizado com o Docker e a criação de aplicações em contêineres - uma aplicação em contêiner pré-criada está disponível no Docker Hub que você poderá usar em nos próximos capítulos.

Ainda aqui?

Excelente. O fluxo de trabalho que você seguirá é mostrado na Figura 5.1. Iremos falar brevemente da etapa 1, mas o foco principal estará nas etapas 2 e 3. Os próximos capítulos cobrirão a etapa 4.

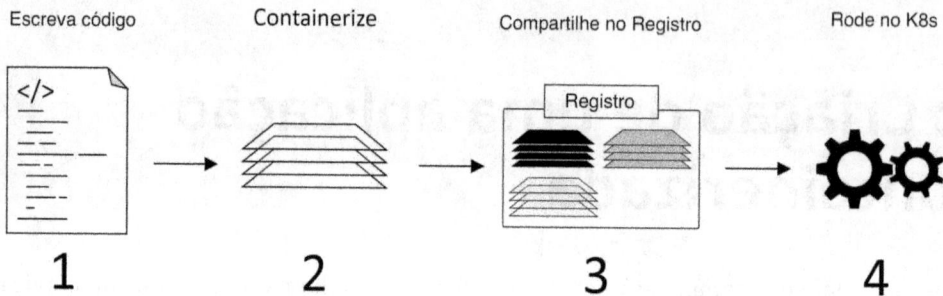

Escreva código   Containerize   Compartilhe no Registro   Rode no K8s

1   2   3   4

Figura 5.1

O capítulo está dividido da seguinte forma:

- Pré-requisitos
- Obtenha o código da aplicação
- Colocar a aplicação em contêiner
- Hospedar a imagem do contêiner em um registro de container

Pré-requisitos

Para criar a aplicação em contêiner descrito neste capítulo, você precisará do seguinte:

- A ferramenta de linha de comando `git`
- Docker
- Uma conta Docker Hub (também conhecida como Docker ID)

Para o Docker, recomendo que você instale o *Docker Desktop* (o Capítulo 3 explica como fazer isso).

As contas do Docker Hub são gratuitas. Vá para `hub.docker.com` e inscreva-se. Você precisará disso se quiser salvar a aplicação em contêiner no Docker Hub em etapas posteriores.

Instale o git

Use qualquer um dos seguintes métodos para instalar a ferramenta de linha de comando `git`:

Mac OS usando Homebrew

Se você tem o Homebrew no seu Mac, você pode usar o seguinte comando para instalar o git.

```
$ brew install git

$ git --version
git version 2.30.0
```

Windows 10 usando Chocolatey

Se você tiver o Chocolatey em sua máquina Windows, poderá instalar a ferramenta de linha de comando git com o seguinte comando.

```
> choco install git.install

> git --version
git version 2.30.0
```

Mac OS ou Windows usando o instalador do GitHub Desktop

GitHub Desktop é uma interface de desktop para trabalhar com o GitHub e tem instaladores Mac OS e Windows em desktop.github.com. Depois de baixado e instalado, você pode usá-lo para instalar a ferramenta de linha de comando git.

Verifique sua instalação com o comando git --version.

Com os pré-requisitos atendidos, você está pronto para concluir as seguintes etapas para construir uma aplicação de exemplo em uma imagem de contêiner (colocar a aplicação no contêiner):

1. Obtenha o código da aplicação
2. Use o Docker para construir (docker build) a imagem do contêiner
3. Use o Docker para enviar (docker push) a imagem para o Docker Hub (opcional)

Obtenha o código da aplicação

O repositório GitHub do livro contém o código para uma simples aplicação web. Use o seguinte comando para *clonar o repositório* no computador em que o Docker e o git estão instalados.

A execução desse comando criará uma nova pasta no diretório atual e copiará o conteúdo do repo para ela.

> **Observação:** GitHub é uma plataforma online para hospedagem e colaboração em software. O software hospedado no GitHub é organizado em "repos" (repositórios), e o ato de "clonar um repo" é um jargão técnico para fazer uma cópia do software em sua máquina local. Você está prestes a vê-lo em ação.

```
$ git clone https://github.com/nigelpoulton/qsk-book.git
Cloning into 'qsk-book'...
```

Agora você tem uma cópia do repo em uma nova pasta chamada qsk-book. Mude para o diretório qsk-book e execute um comando ls para listar seu conteúdo.

```
$ cd qsk-book

$ ls
App
deploy.yml
pod.yml
readme.md
svc-cloud.yml
svc-local.yml
```

A pasta App é onde estão o código-fonte da aplicação e os arquivos de configuração. Mude o diretório para ele e liste os arquivos que ele contém.

```
$ cd App

$ ls -l
Dockerfile
app.js
bootstrap.css
package.json
views
```

Esses arquivos compõem a aplicação e é bom saber um pouco sobre cada um deles.

- `Dockerfile`. Este arquivo não faz parte da aplicação. Ele contém uma lista de instruções que o Docker executa para criar a imagem do contêiner (colocar a aplicação em contêiner)
- `app.js` é o arquivo principal da aplicação. É uma aplicação Node.js
- `bootstrap.css` é um modelo de CSS que determina a aparência da página da web da aplicação
- `package.json` lista as dependências da aplicação
- `views` é uma pasta que contém o HTML para preencher a página web da aplicação

O arquivo que mais nos interessa na criação de contêineres da aplicação é o `Dockerfile`. Ele contém instruções que o Docker usa para construir a aplicação em uma imagem de contêiner. A nossa é simples e tem esta aparência.

```
FROM node:current-slim
LABEL MAINTAINER=nigelpoulton@hotmail.com
COPY . /src
RUN cd /src; npm install
EXPOSE 8080
CMD cd /src && node ./app.js
```

Vamos examinar e ver o que cada linha faz.

A instrução `FROM` diz ao Docker que queremos usar a imagem `node: current-slim` como base para a nova aplicação. As aplicações precisam de um sistema operacional para serem executadas, e esta imagem de base fornece isso.

A instrução COPY diz ao Docker para copiar a aplicação e as dependências do diretório atual (representado pelo ponto ".") Para o diretório /src na imagem node: current-slim obtida na etapa anterior.

A instrução RUN diz ao Docker para executar um comando npm install de dentro do diretório /src. Isso instalará as dependências listadas em package.json.

A instrução EXPOSE lista a porta de rede na qual a aplicação ouvirá. Isso também é especificado no arquivo principal app.json.

A instrução CMD é o principal processo da aplicação que será executado quando o Kubernetes iniciar o contêiner.

Em resumo, o Dockerfile está dizendo *Containerize nossa aplicação. Baseie-a na imagem node: current-slim, copie o código da nossa aplicação, instale as dependências, documente a porta de rede e configure a aplicação para execução.*

Depois de clonar o repo, é hora de criar a imagem do contêiner.

Construir a imagem do contêiner

O processo de construção de um aplicação em uma imagem de contêiner é denominado *containerização*. Quando o processo é concluído, a aplicação é considerada *containerizada*. Como resultado, usaremos os termos *imagem de contêiner* e *aplicação contêinerizada* alternadamente.

Use o seguinte comando docker image build para colocar a aplicação em contêiner.

- Execute o comando de dentro do diretório ../qsk-book/App
- Substitua nigelpoulton por seu próprio Docker Hub ID
- Inclua o ponto (".") No final do comando

```
$ docker image build -t nigelpoulton/qsk-book:1.0 .

[+] Building 66.9s (8/8) FINISHED                        0.1s
<Snip>
=> naming to docker.io/nigelpoulton/qsk-book:1.0        0.0s
```

Confirme se a nova imagem do contêiner está presente em sua máquina local. O nome da sua imagem pode ser diferente e a saída pode exibir mais de uma imagem.

```
$ docker image ls
REPOSITORY              TAG     IMAGE ID        CREATED         SIZE
nigelpoulton/qsk-book   1.0     e4477597d5e4    3 minutes ago   177MB
```

Se você estiver executando o Docker Desktop, poderá ver várias imagens rotuladas "k8s.gcr...". Eles estão executando o cluster local do Kubernetes no Docker Desktop.

Neste ponto, você *conteinerizou* com sucesso a aplicação e a próxima etapa é hospedá-la em um registro centralizado.

Hospedar a imagem em um registro

Esta seção é opcional e você precisará de uma conta do Docker Hub se quiser continuar. Se você não completar esta seção, você pode usar a imagem nigelpoulton/qsk-book:1.0 publicamente disponível em etapas posteriores.

Existem muitos registros de contêineres disponíveis. No entanto, usaremos o Docker Hub por ser o mais popular e fácil de usar. Sinta-se à vontade para visitar hub.docker.com e dar uma olhada.

Use o seguinte comando para enviar sua nova imagem ao Docker Hub. Lembre-se de substituir nigelpoulton por seu próprio Docker Hub ID. Se você tentar com nigelpoulton, a operação irá falhar porque você não tem permissão para enviar imagens para meus repositórios.

```
$ docker image push nigelpoulton/qsk-book:1.0

f4576e76ed1: Pushed
ca60f24a8154: Pushed
0dcc3a6346bc: Mounted from library/node
6f2e5c7a8f99: Mounted from library/node
6752c6e5a2a1: Mounted from library/node
79c320b5a45c: Mounted from library/node
e4b1e8d0745b: Mounted from library/node
1.0: digest: sha256:7c593...7198f1 size: 1787
```

Vá para hub.docker.com e certifique-se de que a imagem esteja presente. Lembre-se de navegar em seus próprios repositórios.

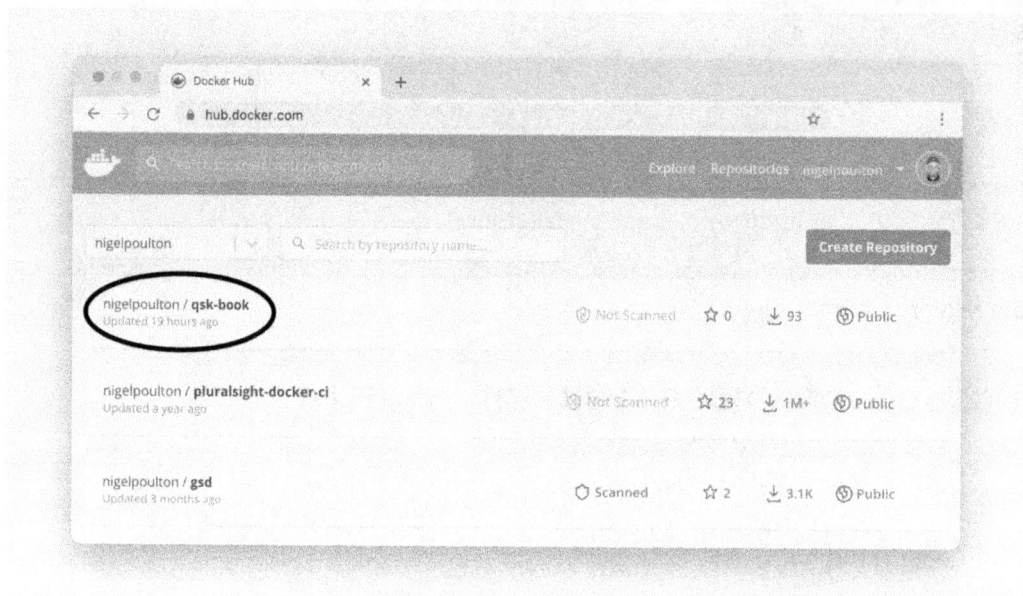

Figura 5.2

Neste ponto, você colocou a aplicação conteinerizada em uma imagem de contêiner e enviou-o para o registro do Docker Hub. Agora você está pronto para implantá-la no Kubernetes.

Resumo do capítulo

Neste capítulo, você aprendeu que uma *aplicação conteinerizada* é um aplicação construída em uma imagem de contêiner.

Você usou `git` para clonar o repositório qsk-book do GitHub e, em seguida, usou o Docker para colocar a aplicação em contêineres e enviá-la para o Docker Hub.

6: Executando uma aplicação no Kubernetes

Neste capítulo, você implantará uma aplicação simples em contêiner em um cluster Kubernetes.

Você precisará de um cluster Kubernetes para acompanhar. Consulte o Capítulo 3 se precisar de ajuda. Se você estiver usando o Docker Desktop no Windows 10, deverá executar no modo **contêineres do Linux** (clique com o botão direito do mouse na baleia do Docker na barra de tarefas e escolha `Alternar para contêineres do Linux`).

Se você está acompanhando, implantará a aplicação que criou e colocou em contêineres no capítulo anterior. Se você pulou o capítulo anterior, sem problemas, você pode usar a cópia publicamente disponível do aplicação no Docker Hub.

É assim que faremos as coisas:

- Você verificará seu cluster Kubernetes
- Você implantará o aplicação em seu cluster Kubernetes
- Você se conectará a aplicação

Verifique seu cluster Kubernetes

Você precisa do utilitário de linha de comando `kubectl` e de um cluster Kubernetes funcional para seguir essas etapas.

Execute o seguinte comando para verificar se você está conectado ao cluster Kubernetes e se ele está operacional.

Exemplo do Docker Desktop.

```
$ kubectl get nodes
NAME              STATUS     ROLES      AGE      VERSION
docker-desktop    Ready      master     21h      v1.22.0
```

Observe como o cluster do Docker Desktop retorna apenas um nó na saída. Isso ocorre porque é um cluster de nó único. Nesta configuração, o único nó atua como um *Mestre* e um *Nó Trabalhador*. Além disso, os pontos importantes são que kubectl pode se comunicar com seu cluster e todos os nós aparecem como Ready.

Exemplo de Linode Kubernetes Engine (LKE).

```
$ kubectl get nodes
NAME                          STATUS    ROLES     AGE     VERSION
lke16405-20053-5ff63e4400b7   Ready     <none>    5m      v1.22.0
lke16405-20053-5ff63e446413   Ready     <none>    5m      v1.22.0
```

O número de nós retornados pelo comando dependerá de quantos nós você adicionou ao seu cluster. *Masters* não são retornados na saída, pois são gerenciados pela plataforma de nuvem e ocultos da visualização. Você pode ter certeza de que está se comunicando com um cluster LKE porque os nomes dos nós começam com lke. Todos os nós devem estar no estado Ready.

Se kubectl se conectar ao cluster/nós errados e você estiver executando o Docker Desktop, você pode clicar na baleia Docker na barra de tarefas e selecionar o cluster correto, conforme mostrado na Figura 6.1.

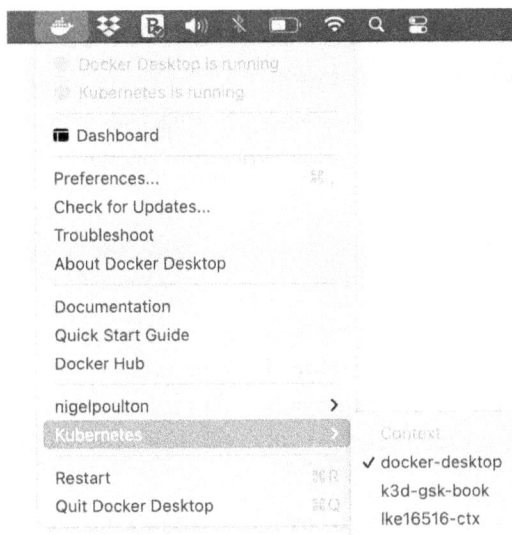

Figura 6.1

Se você não estiver usando o Docker Desktop e kubectl estiver se conectando ao cluster errado, você pode alterá-lo com o seguinte procedimento.

Liste todos os contextos definidos em seu arquivo kubeconfig.

```
$ kubectl config get-contexts
CURRENT   NAME              CLUSTER           AUTHINFO
          docker-desktop    docker-desktop    docker-desktop
          k3d-qsk-book      k3d-qsk-book      admin@k3d-qsk-book
*         lke16516-ctx      lke16516          lke16516-admin
```

A saída lista três contextos e o contexto atual definido como lke16516-ctx.

O comando a seguir muda para o contexto docker-desktop. Você pode precisar mudar para outro contexto.

```
$ kubectl config use-context docker-desktop
Switched to context "docker-desktop".
```

Contanto que o comando kubectl get nodes retorne os nós corretos e os liste como Ready, você está pronto para prosseguir com a próxima seção.

Implante a aplicação no Kubernetes

No capítulo anterior, você colocou em contêiner um aplicação web Node.js em uma imagem de contêiner e o armazenou no Docker Hub. Você está prestes a ver como implantar essa aplicação no Kubernetes.

Embora o Kubernetes orquestre e execute *containers*, esses contêineres devem ser agrupados em um objeto do Kubernetes chamado *Pod*.

Um Pod é um encapsulamento leve em torno de um contêiner. Na verdade, às vezes usamos os termos *container* e *Pod* alternadamente. Por enquanto, você só precisa saber que o Kubernetes executa contêineres dentro de pods - da mesma forma que o VMware executa aplicações dentro de VMs, o Kubernetes executa aplicações em contêineres dentro de pods.

> **Observação**: para uma discussão detalhada sobre pods, consulte O livro do Kubernetes (também de Nigel Poulton).

Uma definição de Pod do Kubernetes

O Pod que você implantará é definido em um arquivo YAML chamado pod.yml localizado na raiz do repositório qsk-book do GitHub. Você pode dar ao arquivo qualquer nome que desejar, mas a estrutura do conteúdo segue regras estritas de YAML. Se você ainda não sabe, YAML é a linguagem comumente usada para arquivos de configuração. Ah, e é dolorosamente rígida sobre o uso adequado de indentação :-D

```
apiVersion: v1
kind: Pod
metadata:
  name: first-pod
  labels:
    project: qsk-book
spec:
  containers:
    - name: web
      image: nigelpoulton/qsk-book:1.0
      ports:
        - containerPort: 8080
```

Vamos examinar o arquivo e entender o que ele está definindo.

As linhas `apiVersion` e `kind` informam ao Kubernetes o tipo e a versão do objeto que está sendo implantado. Nesse caso, um objeto Pod conforme definido na versão API `v1`. São muitos jargões que basicamente dizem ao Kubernetes para implantar um Pod com base na versão 1 (`v1`) da especificação do Pod.

O bloco `metadata` lista o nome do Pod e um única etiqueta. O nome nos ajuda a identificar e gerenciar o Pod quando ele está em execução. A etiqueta (`project = qsk-book`) é útil para organizar Pods e associá-los a outros objetos, como balanceadores de carga. Veremos as etiquetas em ação mais tarde.

A seção `spec` especifica o contêiner que este Pod executará, bem como a porta em que opera. Observe que este Pod executará a aplicação que você colocou em contêiner no capítulo anterior (a imagem `nigelpoulton/qsk-book:1.0`).

A Figura 6.2 mostra como o Pod está envolvendo o contêiner. Lembre-se de que esse envelopamento do Pod é obrigatório para que um contêiner seja executado no Kubernetes e é muito leve, pois só adiciona metadados.

```
apiVersion: v1
kind: Pod
metadata:
  name: first-pod
  labels:
    project: qsk-book
spec:
  containers:
  - name: web-ctr
    image: nigelpoulton/qsk-book:1.0
    ports:
    - containerPort: 8080
```

Pod wrapper

Container

Figura 6.2

Implante a aplicação (Pod)

A aplicação que você implantará está em um Pod chamado `first-pod` e definido em um arquivo YAML chamado `pod.yml`. A maneira mais simples de implantá-lo é usando `kubectl` para enviar o arquivo YAML no Kubernetes.

Execute o seguinte comando para listar todos os Pods que já podem estar em execução no seu cluster. Se estiver trabalhando com um novo cluster, conforme explicado no Capítulo 3, você não terá Pods em execução.

```
$ kubectl get pods
No resources found in default namespace.
```

Implante o Pod `first-pod` com o seguinte comando e verifique a operação. O primeiro comando deve ser executado a partir do diretório em seu computador que contém o arquivo `pod.yml`. Este é o diretório raiz do repositório GitHub. Se você estiver atualmente no diretório App (verifique com `pwd`), você precisará voltar um nível de diretório com o comando " `cd ..` ".

```
$ kubectl apply -f pod.yml
pod/first-pod created
```

```
$ kubectl get pods
NAME        READY   STATUS    RESTARTS   AGE
first-pod   1/1     Running   0          8s
```

Parabéns, a aplicação está sendo executada no Kubernetes!

O comando `kubectl apply` permite especificar um arquivo (`-f`) para enviar ao Servidor de API do Kubernetes. O Kubernetes armazenará a definição do Pod no armazenamento do cluster e o Agendador encontrará os Nós para executar o que estiver definido no arquivo.

Se você executar o segundo comando logo após o primeiro, o Pod pode não ter atingido o estado `Running`.

`kubectl` fornece os comandos `get` e `describe` para sondar a configuração e o estado dos objetos. Você já viu que `kubectl get` fornece um breve resumo de informações. O exemplo a seguir mostra que `kubectl describe` retorna muito mais detalhes. Na verdade, eu diminui a saída, pois alguns de vocês reclamam se eu ocupar muito espaço com saídas de comando longas ;-)

```
$ kubectl describe pod first-pod

Name:           first-pod
Namespace:      default
Node:           docker-desktop/192.168.65.3
Labels:         project=qsk-book
Status:         Running
IPs:
  IP:  10.1.0.11
Containers:
  web-ctr:
    Image:        nigelpoulton/qsk-book:1.0
    Port:         8080/TCP
    State:        Running
    <Snip>
Conditions:
  Type             Status
  Initialized      True
  Ready            True
  ContainersReady  True
  PodScheduled     True
Events:
  Type    Reason   Age    From        Message
  ----    ------   ----   ----        -------
  <Snip>
  Normal  Created  110s   kubelet     Created container web-ctr
  Normal  Started  110s   kubelet     Started container web-ctr
```

Embora o Pod esteja ativo e a aplicação em execução, o Kubernetes tem outro objeto que fornece conectividade.

Conecte-se a aplicação

A conexão com o aplicaçãorequer um objeto separado denominado Serviço.

Observação: "Objeto" é um termo técnico usado para descrever algo em execução no Kubernetes. Você já implantou um *Objeto* Pod. Você está prestes
a implantar um *Objeto* Service para fornecer conectividade a aplicação em
execução no Pod.

Uma definição de Service no Kubernetes

O arquivo svc-local.yml define um objeto Service para fornecer conectividade se você
estiver executando em um Docker Desktop ou outro cluster local. O arquivo svc-cloud.yml
define um objeto Serviço para fornecer conectividade se seu cluster estiver na nuvem (use
isto se você construiu um cluster LKE como mostrado no Capítulo 3).

O código a seguir mostra o conteúdo do arquivo svc-cloud.yml.

```
apiVersion: v1
kind: Service
metadata:
  name: cloud-lb
spec:
  type: LoadBalancer
  ports:
  - port: 80
    targetPort: 8080
  selector:
    project: qsk-book
```

Vamos examinar isso passo a passo.

As primeiras duas linhas são semelhantes ao arquivo pod.yml. Eles dizem ao Kubernetes
para implantar um objeto de serviço usando a especificação v1 da API.

A seção metadata nomeia o Serviço "cloud-lb".

A seção spec é onde a mágica acontece. O campo spec.type: LoadBalancer diz ao
Kubernetes para provisionar um balanceador de carga voltado para a Internet na plataforma
de nuvem subjacente. Por exemplo, se o cluster estiver em execução na AWS, este serviço
provisionará automaticamente um balanceador de carga de rede (NLB) ou balanceador de
carga clássico (CLB) da AWS. Esta seção spec irá configurar um balanceador de carga voltado

para a internet na nuvem subjacente que aceitará o tráfego na porta 80 e encaminhará para a porta 8080 para qualquer Pods com a etiqueta `project: qsk-book`.

Espere um segundo para entender. Pode ser que precise ler novamente.

O arquivo `svc-local.yml` define um Service NodePort em vez de um Service LoadBalancer. Isso ocorre porque o Docker Desktop e outros clusters locais não têm acesso a balanceadores de carga voltados para a Internet.

Uma palavra rápida sobre etiquetas

Você deve se lembrar de que dissemos que o Kubernetes usa *labels* (etiquetas) para associar objetos. Bem, observe atentamente os arquivos `pod.yml` e `svc-cloud.yml` e observe como ambos fazem referência a etiqueta `project: qsk-book`.

```
apiVersion: v1                          apiVersion: v1
kind: Pod                               kind: Service
metadata:                               metadata:
  name: first-pod                         name: cloud-lb
  labels:                               spec:
    project: qsk-book                     type: LoadBalancer
spec:                                     ports:
  containers:                             - port: 80
    - name: web-ctr                         targetPort: 8080
      image: nigelpoulton/qsk-book:1.0    selector:
      ports:                                project: qsk-book
        - containerPort: 8080
```

Figura 6.3

O Pod carrega a etiqueta, enquanto o objeto Service a usa para fazer seleções. Essa combinação permite que o Service encaminhe o tráfego para todos os Pods no cluster que carregam a etiqueta. O Kubernetes também é inteligente o suficiente para manter uma lista atualizada de todos os Pods com a etiqueta, atualizada em tempo real.

Atualmente, você só tem um Pod com a etiqueta. No entanto, se você adicionar mais pods com a mesma etiqueta, o Kubernetes perceberá e começará a encaminhar o tráfego para todos eles. Você verá isso em ação no próximo capítulo.

Implantar o Service

Assim como acontece com os Pods, você pode implantar objetos Service com `kubectl apply`.

Conforme mencionado anteriormente, o repositório GitHub tem dois Services:

- `svc-cloud.yml` é para uso em clusters baseados em nuvem. Vamos chamá-lo de "Service Balanceador de Carga"
- `svc-local.yml` é para uso em clusters, como Docker Desktop, que não são executados em nuvens. Vamos chamá-lo de "Service NodePort"

O *Service Balanceador de Carga* diz ao Kubernetes para provisionar um dos balanceadores de carga voltados para a Internet da sua nuvem. Funciona com todas as principais nuvens e é uma maneira simples de expor sua aplicação na internet.

O *NodePort Service* expõe a aplicação por meio de cada Nó no cluster em uma porta de rede comum. O exemplo que estamos usando irá expor a aplicação na porta 31111 em cada Nó do cluster. Se você estiver usando o Docker Desktop, isso irá expor o aplicação por meio do `localhost` na máquina em que o Docker Desktop está instalado. Não se preocupe se isso parecer confuso agora, iremos ver um exemplo e o explicaremos detalhadamente.

Veremos primeiro o exemplo do Docker Desktop (sem nuvem).

Conectando-se a aplicação se o cluster não estiver na nuvem, como Docker Desktop

O comando a seguir implanta um serviço chamado `svc-local` conforme definido no arquivo `svc-local.yml` na raiz do repositório GitHub. O nome do Service e o nome do arquivo não precisam corresponder, mas você deve executar o comando a partir do diretório onde o arquivo `svc-local.yml` está localizado.

```
$ kubectl apply -f svc-local.yml
service/svc-local created
```

Use o seguinte comando para verificar se o serviço está instalado e funcionando.

```
$ kubectl get svc
NAME        TYPE        CLUSTER-IP      EXTERNAL-IP     PORT(S)         AGE
svc-local   NodePort    10.108.72.184   <none>          80:31111/TCP    11s
```

A saída mostra o seguinte.

O Service é denominado "svc-local" e está em execução há 11 segundos.

59

O valor CLUSTER-IP é um endereço IP na rede interna do Kubernetes Pod e é usado por outros Pods e aplicaçãos em execução no cluster. Não estaremos nos conectando a esse endereço.

Como este é um serviço NodePort, ele pode ser acessado conectando-se a qualquer Nó do cluster na porta 31111 conforme especificado na coluna PORT(S).

Sua saída listará outro Service chamado Kubernetes. Isso é usado internamente pelo Kubernetes para descoberta de serviço.

Agora que o Service está em execução, você pode se conectar a aplicação.

Abra um navegador web na mesma máquina que seu cluster Kubernetes e digite localhost: 31111 na barra de navegação. Se você estiver usando o Docker Desktop, deverá abrir um navegador na máquina que executa o Docker Desktop.

> **Aviso!** No momento em que este artigo foi escrito, o Docker Desktop no Mac OS tinha um bug que impedia o NodePort de ser mapeado para o localhost. Se o seu navegador não se conectar ao aplicação, provavelmente é esse o motivo.

A página web será semelhante à Figura 6.4

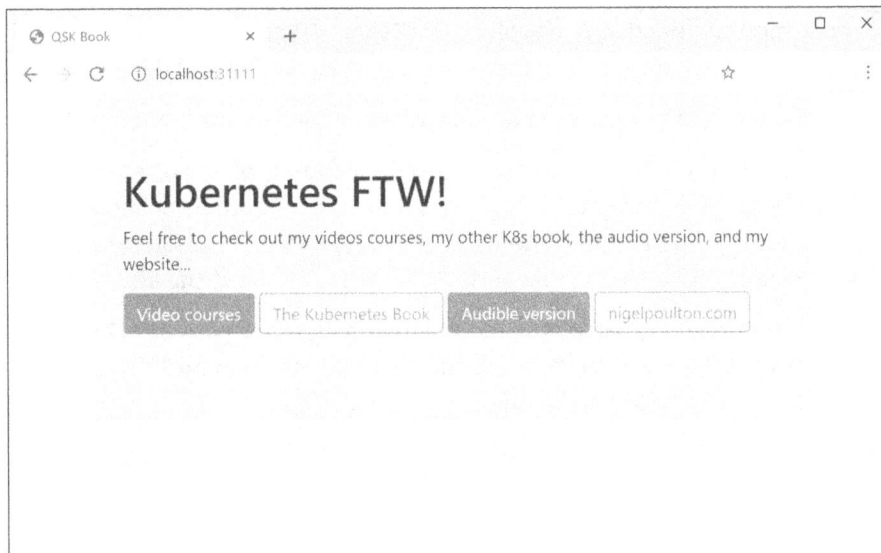

Figura 6.4

Parabéns, você colocou uma aplicação em contêiner, implantou-o no Kubernetes e se conectou a ele.

Conectando-se a aplicação se o cluster Kubernetes estiver na nuvem

O comando a seguir implanta um serviço de balanceador de carga chamado `cloud-lb`, conforme definido no arquivo `svc-cloud.yml` na raiz do repositório GitHub. Você deve executar o comando no mesmo diretório deste arquivo.

```
$ kubectl apply -f svc-cloud.yml
service/cloud-lb created
```

Verifique o Service com o seguinte comando. Você também pode executar um comando `kubectl describe svc <service-name>` para obter informações mais detalhadas.

```
$ kubectl get svc
NAME        TYPE           CLUSTER-IP      EXTERNAL-IP      PORT(S)
cloud-lb    LoadBalancer   10.128.29.224   212.71.236.112   80:30956/TCP
```

Sua saída pode mostrar `<pending>` na coluna `EXTERNAL-IP` enquanto as coisas estão sendo configuradas. Isso pode levar alguns minutos em algumas plataformas de nuvem.

A saída mostra muito, então vamos explicar as partes em que estamos interessados.

O Service foi criado e o `TYPE` foi definido corretamente como `LoadBalancer`. Um dos balanceadores de carga da nuvem voltados para a Internet foi provisionado e atribuído ao endereço IP `212.71.236.112` mostrado na coluna `EXTERNAL-IP` (o seu será diferente). O balanceador de carga está escutando na porta 80 (a porta "80" da string `80:30956/TCP`).

Para encurtar a história, você pode apontar qualquer navegador para `212.71.236.112` na porta 80 para se conectar a aplicação, conforme mostrado na Figura 6.5. Lembre-se de usar o endereço de IP externo do seu ambiente.

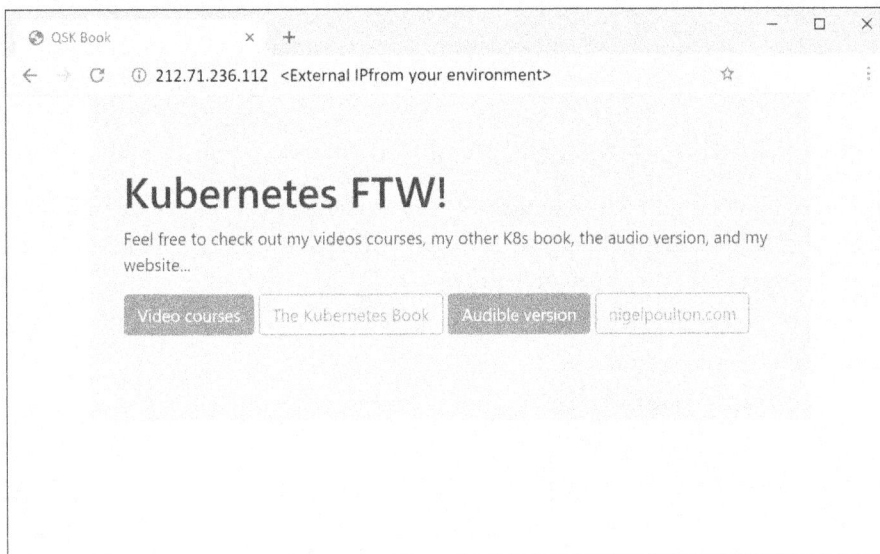

Figura 6.5

Tal como acontece com o exemplo local do Docker Desktop, o CLUSTER-IP interno é para uso por outras aplicações em execução dentro do cluster Kubernetes, e o valor à direita dos dois pontos na coluna PORT(S) é a porta da aplicação que é exposta por meio de cada Nó do cluster. Por exemplo, se você conhece os endereços IP dos Nós do cluster, pode se conectar a aplicação conectando-se a qualquer IP do Nó na porta listada à direita dos dois pontos.

Parabéns, você colocou uma aplicação em contêiner, implantou-o no Kubernetes, provisionou um balanceador de carga voltado para a Internet e se conectou a aplicação.

Limpeza

Vamos excluir o Pod e o Service para que você tenha um cluster limpo no início do próximo capítulo.

Liste todos os Services em seu cluster para obter o nome do Service que você implantou.

```
$ kubectl get svc
NAME        TYPE          CLUSTER-IP      EXTERNAL-IP      PORT(S)
cloud-lb    LoadBalancer  10.128.29.224   212.71.236.112   80:30956/TCP
...
```

Execute os comandos a seguir para excluir o Service e o Pod. Pode levar alguns segundos para que o Pod seja encerrado enquanto aguarda o encerramento normal da aplicação. Certifique-se de usar o nome do Service de seu ambiente.

```
$ kubectl delete svc cloud-lb
service "cloud-lb" deleted

$ kubectl delete pod first-pod
pod "first-pod" deleted
```

Resumo do capítulo

Neste capítulo, você aprendeu que as aplicações em contêineres precisam ser executadas dentro de Pods se quiserem ser executadas no Kubernetes. Felizmente, os Pods são construções leves, o que significa que não adicionam sobrecarga a sua aplicação.

Você viu um Pod simples definido em um arquivo YAML e aprendeu como implantá-lo no Kubernetes com `kubectl apply`. Você também aprendeu como inspecionar pods e outros objetos Kubernetes com `kubectl get` e `kubectl describe`.

Por fim, você aprendeu que precisa de um Service Kubernetes se quiser se conectar a aplicações executados em Pods.

Até agora, tudo bem, você construiu, implantou e se conectou a uma aplicação em contêiner. No entanto, você não viu autocorreção, escalonamento ou quaisquer outros recursos nativos da nuvem fornecidos pelo Kubernetes. Você fará tudo isso nos próximos capítulos.

7: Adicionando auto-recuperação

Neste capítulo, você aprenderá sobre o objeto Kubernetes Deployment e o usará para implementar e demonstrar a auto-recuperação.

O capítulo está organizado da seguinte forma:

- Introdução às implantações do Kubernetes
- Auto-recuperação de uma falha do pod
- Auto-recuperação de uma falha de nó

Introdução aos Deployments do Kubernetes

No Capítulo 6, você aprendeu que o Kubernetes usa um objeto *Service* dedicado para fornecer conectividade de rede a aplicações executadas em Pods. Ele tem outro objeto dedicado chamado *Deployment* para fornecer *auto-recuperação*. Na verdade, Deployments também permitem escalonamento e atualizações contínuas.

Assim como acontece com os objetos Pods e Services, os Deployments são definidos em arquivos de manifesto YAML.

A Figura 7.1 mostra um manifesto de Deployment. Está marcado para mostrar como um contêiner é aninhado em um Pod e um pod é aninhado em um Deployment.

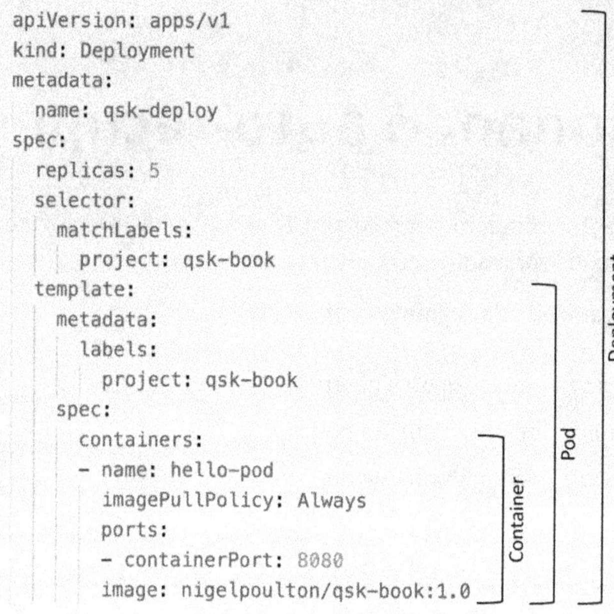

```
apiVersion: apps/v1
kind: Deployment
metadata:
  name: qsk-deploy
spec:
  replicas: 5
  selector:
    matchLabels:
      project: qsk-book
  template:
    metadata:
      labels:
        project: qsk-book
    spec:
      containers:
      - name: hello-pod
        imagePullPolicy: Always
        ports:
        - containerPort: 8080
        image: nigelpoulton/qsk-book:1.0
```

Figura 7.1

Esse aninhamento, ou envelopamento, é importante para entender como tudo funciona.

- O contêiner fornece o sistema operacional e outras dependências da aplicação
- O Pod fornece metadados e outras construções para o contêiner executar no Kubernetes
- O Deployment fornece recursos nativos da nuvem, incluindo autorecuperação

Como funcionam os Deployments

Existem dois elementos importantes para o funcionamento de um Deployment.

1. O objeto de Deployment
2. O controlador de Deployment

O *objeto Deployment* é a configuração YAML que define uma aplicação. Ela afirma coisas como qual contêiner executar, em qual porta de rede escutar e quantas instâncias (Pods) implantar.

O *controlador Deployment* é um processo do plano de controle que monitora constantemente o cluster, certificando-se de que todos os objetos Deployment estão sendo executados como deveriam.

Considere o seguinte exemplo rápido.

Você define uma aplicação em um manifesto de Deployment do Kubernetes. Ele define 5 instâncias de um Pod chamado zephyr-one. Use kubectl para enviar isso ao Kubernetes e o Kubernetes programa os 5 Pods no cluster.

Neste ponto, o *estado observado* corresponde ao *estado desejado*. Isso é jargão para dizer que o cluster está executando o que você pediu. Mas digamos que um Nó falhe e o número de Pods zephyr-one caia para 4. O *estado observado* não corresponde mais ao *estado desejado* e você tem um problema.

Mas não se estresse. O controlador de Deployment está observando o cluster e verá a mudança. Ele sabe que você deseja 5 Pods, mas só pode observar 4. Portanto, ele iniciará um 5º pod para trazer o *estado observado* de volta ao *estado desejado*. Este processo é denominado *reconciliação*.

Vamos ver em ação.

Auto-recuperação de uma falha do Pod

Nesta seção, você implantará 5 réplicas de um Pod por meio de um Deployment do Kubernetes. Depois disso, você excluirá manualmente um Pod e verá a autocorreção do Kubernetes.

Você usará o manifesto deploy.yml na raiz do repositório GitHub. Conforme visto no código a seguir, ele define 5 réplicas de Pod executando a aplicação que você armazenou em contêineres nos capítulos anteriores. O YAML mostrado é anotado para ajudar você a entendê-lo.

```
kind: Deployment              <<== Type of object being defined
apiVersion: apps/v1           <<== Version of object specification
metadata:
  name: qsk-deploy
spec:
  replicas: 5                 <<== How many Pod replicas
  selector:
    matchLabels:              <<== Tells the Deployment controller
      project: qsk-book       <<== which Pods to manage
  template:
```

```
metadata:
  labels:
    project: qsk-book           <<== Pod label
spec:
  containers:
  - name: qsk-pod
    imagePullPolicy: Always              <<== Never use local images
    ports:
    - containerPort: 8080                <<== Network port
      image: nigelpoulton/qsk-book:1.0 <<== Image containing the app
```

Terminologia: Os termos *Pod*, *instância* e *réplica* são usados para significar a mesma coisa - uma instância de um Pod executando uma aplicação em contêiner. Eu normalmente uso "réplica".

Verifique se há Pods e Deployments já em execução no cluster.

```
$ kubectl get Pods
No resources found in default namespace.

$ kubectl get deployments
No resources found in default namespace.
```

Agora use kubectl para implantar o Deployment em seu cluster. O comando deve ser executado a partir da pasta que contém o arquivo deploy.yml.

```
$ kubectl apply -f deploy.yml
deployment.apps/qsk-deploy created
```

Verifique o status da Deployment e dos Pods que ela está gerenciando.

```
$ kubectl get deployments
NAME          READY    UP-TO-DATE    AVAILABLE    AGE
qsk-deploy    5/5      5             5            4m


$ kubectl get Pods
NAME                     READY    STATUS     RESTARTS    AGE
qsk-deploy-6999...wv8    0/1      Running    0           4m
qsk-deploy-6999...9nl    0/1      Running    0           4m
qsk-deploy-6999...g8t    0/1      Running    0           4m
qsk-deploy-6999...xp7    0/1      Running    0           4m
qsk-deploy-6999...17f    0/1      Running    0           4m
```

Você pode ver que 5 de 5 réplicas estão em execução e prontas. O controlador de Deployment também está sendo executado no plano de controle, observando o estado das coisas.

Falha do Pod

É possível que os Pods e as aplicações em execução travem ou falhem. O Kubernetes pode *tentar* autorecuperar uma situação como essa iniciando um novo Pod para substituir o que falhou.

Use `kubectl delete pod` para excluir manualmente um dos Pods (consulte a saída anterior de `kubectl get Pods` para obter uma lista de nomes de Pods).

```
$ kubectl delete pod qsk-deploy-69996c4549-r59nl
pod "qsk-deploy-69996c4549-r59nl" deleted
```

Assim que o Pod for excluído, o número de Pods no cluster cairá para 4 e não corresponderá mais ao *estado desejado* de 5. O controlador de Deployment notará isso e iniciará automaticamente um novo Pod para levar o número observado de Pods de volta para 5.

Liste os Pods novamente para ver se um novo pod foi iniciado.

```
$ kubectl get pods
NAME                          READY    STATUS    RESTARTS    AGE
qsk-deploy-69996c4549-mwl7f   1/1      Running   0           20m
qsk-deploy-69996c4549-9xwv8   1/1      Running   0           20m
qsk-deploy-69996c4549-ksg8t   1/1      Running   0           20m
qsk-deploy-69996c4549-qmxp7   1/1      Running   0           20m
qsk-deploy-69996c4549-hd5pn   1/1      Running   0           5s
```

Parabéns. Existem 5 Pods em execução e o Kubernetes realizou a autorecuperação sem precisar da sua ajuda.

Além disso, observe como o último Pod da lista está em execução há apenas 5 segundos. Este é o Pod substituto que o Kubernetes começou a reconciliar o estado desejado.

Vamos ver como o Kubernetes lida com uma falha do Nó.

Auto-recuperação de uma falha de Nó

Quando um Nó falha, todos os Pods em execução nele são perdidos. Se esses Pods forem gerenciados por um controlador, como um Deployment, as substituições serão iniciadas em outros Nós no cluster.

> **Nota:** Se o seu cluster estiver em uma nuvem que implementa *pools de nós*, o Nó com falha também pode ser substituído. Este é um pool de nós e um recurso de infraestrutura em nuvem, não um recurso de Deployments.

Você só pode seguir as etapas nesta seção se tiver um cluster de vários nós e a capacidade de excluir Nós. Se você construiu um cluster de vários nós no Linode Kubernetes Engine, conforme explicado no Capítulo 3, você poderá acompanhar. Se você estiver usando um cluster Docker Desktop de nó único, ficará se satisfazer acompanhando a leitura.

O comando a seguir lista todos os Pods em seu cluster e o nó em que cada pod está sendo executado. A saída do comando foi reduzida para caber no livro.

```
$ kubectl get pods -o wide
NAME            READY   STATUS     <Snip>    NODE
qsk...mwl7f     1/1     Running    ...       lke...98
qsk...9xwv8     1/1     Running    ...       lke...98
qsk...ksg8t     1/1     Running    ...       lke...1a
qsk...qmxp7     1/1     Running    ...       lke...1a
qsk...hd5pn     1/1     Running    ...       lke...1a
```

Veja como os dois Nós estão executando vários Pods. A próxima etapa excluirá um Nó e levará todos os Pods com ele. O exemplo excluirá o Nó lke...98.

O processo a seguir mostra como excluir um nó de cluster no Linode Kubernetes Engine (LKE). Excluir um nó dessa maneira simula uma falha repentina do nó.

1. Visualize seu cluster LKE no Linode Cloud Console
2. Role para baixo até Node Pools
3. Clique em um de seus Nós para obter detalhes
4. Clique nos três pontos e exclua o Nó conforme mostrado na Figura 7.2

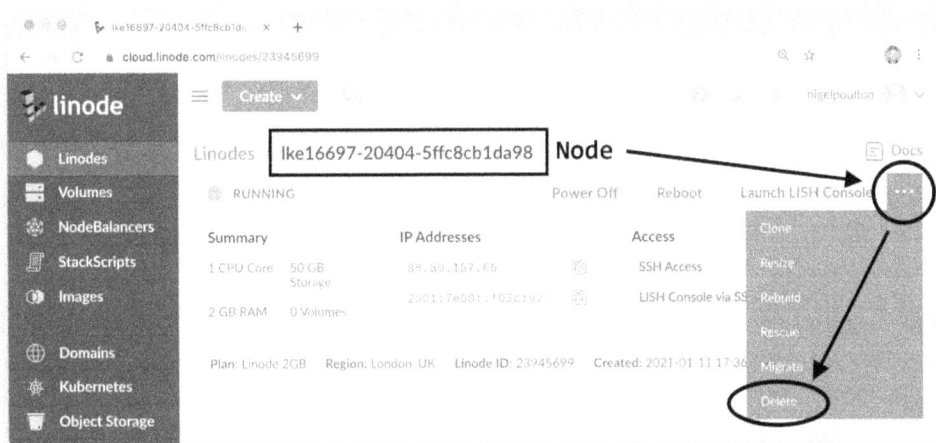

Figura 7.2

Verifique se o Nó foi excluído. Se você esperar muito para executar este comando, o LKE substituirá o Nó excluído. Pode levar um ou dois minutos para que o nó ausente seja exibido na saída do comando.

```
$ kubectl get nodes
NAME                STATUS    ROLES     AGE     VERSION
lke...98            Ready     <none>    3d1h    v1.22.0
lke...1a            NotReady            3d1h    v1.22.0
```

Assim que o Kubernetes perceber que o Nó é NotReady, ele também notará os Pods ausentes e criará substituições. Verifique isso. Pode levar alguns segundos para que os Pods substitutos cheguem ao estado Running.

```
$ kubectl get pods
NAME            READY    STATUS              <Snip>    NODE
qsk...ksg8t     1/1      Running             ...       lke...1a
qsk...qmxp7     1/1      Running             ...       lke...1a
qsk...hd5pn     1/1      Running             ...       lke...1a
qsk...6bqmk     0/1      ContainerCreating   ...       lke...1a
qsk...ps9nt     0/1      ContainerCreating   ...       lke...1a

<short time lapse>

$ kubectl get deployments
NAME            READY    UP-TO-DATE    AVAILABLE    AGE
qsk-deploy      5/5      5             5            18m
```

A saída mostra que o Kubernetes criou dois novos Pods para substituir aqueles perdidos quando o nó lke...98 foi excluído. Todos os novos Pods foram programados para lke...1a, pois era o único Nó sobrevivente no cluster.

Após mais ou menos um minuto, o LKE terá substituído o Nó excluído e retornado o cluster para 2 nós. Este é um recurso do LKE e não o objeto de Deployment do Kubernetes. Funciona porque a implementação do LKE de *pools de nós* tem a noção de *estado desejado*. Quando o cluster foi criado, solicitei dois nós. Quando um foi excluído, LKE percebeu a mudança no estado e adicionou um novo Nó ao cluster para trazer o estado observado de volta ao estado desejado.

Embora seu cluster esteja de volta a dois Nós, o Kubernetes não reequilibrará os Pods em ambos os nós. Como resultado, você acabará com um cluster de dois nós e todos os 5 Pods em execução em um único Nó.

Resumo do capítulo

Neste capítulo, você aprendeu que o Kubernetes tem um objeto chamado Deployment que implementa vários recursos nativos da nuvem. Você aprendeu que há um controlador de Deployment em execução no plano de controle, garantindo que o estado atual do cluster corresponda ao que você solicitou.

Você também viu como os Deployments envolvem uma especificação de Pod, que por sua vez envolve um contêiner, que por sua vez hospeda uma aplicação e dependências.

Você usou `kubectl` para implantar uma aplicação por meio de um objeto Deployment e testou a autorecuperação. Você quebrou manualmente um Pod e um Nó e observou o Kubernetes corrigir (substituir) todos os Pods perdidos.

Linode Kubernetes Engine também substituiu o nó excluído/quebrado. Este não é um recurso de Deployments do Kubernetes, e outras plataformas de nuvem também são compatíveis com a autocorreção de nós que fazem parte de um *pool de nós*.

8: Escalando a aplicação

Neste capítulo, você usará alguns métodos para aumentar ou diminuir o número de réplicas de Pods em um Deployment.

Os métodos que você usará são *manuais* e requerem um ser humano para implementá-los. O Kubernetes tem um objeto separado, denominado *Horizontal Pod Autoscaler (HPA)*, para escalonamento automático. No entanto, isso está além do escopo de um livro de guia rápido.

O capítulo está dividido da seguinte forma.

- Pré-requisitos
- Aumento de escala manual
- Redução de escala manual

Pré-requisitos

Se você está acompanhando, terá um cluster Kubernetes executando 5 réplicas de uma aplicação que você colocou em contêineres e pode pular para a seção `Aumentar a escala de uma aplicação`.

Se você não tem acompanhado, execute o seguinte comando para implantar 5 réplicas da aplicação em contêiner em seu cluster. Certifique-se de executar o comando de dentro do diretório que contém o arquivo `deploy.yml`.

```
$ kubectl apply -f deploy.yml
deployment.apps/qsk-deploy created
```

Execute um comando `kubectl get deployments` para certificar-se de que a aplicação está em execução.

```
$ kubectl get deployments
NAME          READY    UP-TO-DATE    AVAILABLE    AGE
qsk-deploy    5/5      5             5            4m
```

Assim que todas as 5 réplicas estiverem implantadas e em execução, você pode passar para a próxima seção.

Aumentar a escala de uma aplicação

Nesta seção, você editará manualmente o arquivo YAML de implantação, aumentará o número de réplicas para 10 e o reenviará ao Kubernetes.

Verifique o número atual de réplicas.

```
$ kubectl get deployment qsk-deploy
NAME          READY    UP-TO-DATE    AVAILABLE    AGE
qsk-deploy    5/5      5             5            4h33m
```

Edite o arquivo deploy.yml e defina o campo spec.replicas para 10 e **salve suas alterações**.

```
apiVersion: apps/v1
kind: Deployment
metadata:
  name: qsk-deploy
spec:
  replicas: 5              <<== Change this to 10
  selector:
    matchLabels:
      project: qsk-book
<Snip>
```

Use kubectl para reenviar o arquivo atualizado para o Kubernetes. Quando o Kubernetes receber o arquivo, ele mudará o *estado desejado* armazenado de 5 réplicas para 10. O controlador de Deployment observará 5 réplicas no cluster e perceberá que ele não corresponde ao novo estado desejado de 10. Ele implantará 5 novas réplicas réplicas para alinhar o estado observado ao estado desejado.

Certifique-se de salvar suas alterações.

```
$ kubectl apply -f deploy.yml
deployment.apps/qsk-deploy configured
```

Execute alguns comandos para verificar o status do Deployment e o número de Pods.

```
$ kubectl get deployment qsk-deploy
NAME          READY   UP-TO-DATE   AVAILABLE   AGE
qsk-deploy    10/10   10           10          4h43m

$ kubectl get pods
NAME                            READY   STATUS    RESTARTS   AGE
qsk-deploy-bbc5cf95d-58r44      1/1     Running   0          4h43m
qsk-deploy-bbc5cf95d-6bqmk      1/1     Running   0          4h26m
qsk-deploy-bbc5cf95d-jlrjc      1/1     Running   0          16s
qsk-deploy-bbc5cf95d-n2t2d      1/1     Running   0          16s
qsk-deploy-bbc5cf95d-npk4c      1/1     Running   0          4h43m
qsk-deploy-bbc5cf95d-plcj2      1/1     Running   0          4h43m
qsk-deploy-bbc5cf95d-ps9nt      1/1     Running   0          4h26m
qsk-deploy-bbc5cf95d-vbxx9      1/1     Running   0          16s
qsk-deploy-bbc5cf95d-wpx2h      1/1     Running   0          16s
qsk-deploy-bbc5cf95d-zr2jp      1/1     Running   0          16s
```

Pode levar alguns segundos para que os Pods adicionais sejam iniciados, mas você pode identificá-los com base no seu tempo de existência (AGE).

Se você seguiu os exemplos do capítulo anterior, os 5 novos pods provavelmente serão programados no novo Nó. Isso prova que o Kubernetes é inteligente o suficiente para programar os novos Pods para que todos os 10 sejam balanceados entre os Nós disponíveis no cluster.

Parabéns. Você escalonou manualmente a aplicação de 5 para 10 réplicas.

Diminua a escala de uma aplicação

Nesta seção, você usará kubectl para reduzir o número de pods para 5.

Execute o seguinte comando.

```
$ kubectl scale --replicas 5 deployment/qsk-deploy
deployment.apps/qsk-deploy scaled
```

Verifique o número de Pods. Como sempre, pode levar alguns segundos para que o estado do cluster se estabilize.

```
$ kubectl get pods
qsk-deploy-bbc5cf95d-58r44    1/1      Running    0        4h55m
qsk-deploy-bbc5cf95d-6bqmk    1/1      Running    0        4h37m
qsk-deploy-bbc5cf95d-npk4c    1/1      Running    0        4h55m
qsk-deploy-bbc5cf95d-plcj2    1/1      Running    0        4h55m
qsk-deploy-bbc5cf95d-ps9nt    1/1      Running    0        4h37m
```

Parabéns. Você escalonou manualmente sua aplicação de volta para 5 réplicas.

Limpeza importante

Executar operações de dimensionamento com kubectl scale pode ser perigoso.

Se você estiver acompanhando, terá 5 réplicas em execução no cluster. No entanto, o arquivo deploy.yml ainda define 10. Se posteriormente você editar o arquivo deploy.yml para especificar uma nova versão da imagem do contêiner e reenviá-la para o Kubernetes, você também aumentará o número de réplicas de volta para 10. Isso pode não ser o que você deseja.

Você deve ter muito cuidado com isso no mundo real, pois pode causar problemas sérios. Com isso em mente, geralmente é uma boa ideia escolher um único método para realizar todas as operações de atualização - por meio da CLI ou editando arquivos YAML. É amplamente preferido usar o último método de edição de arquivos YAML e reenviá-los ao Kubernetes.

Edite o arquivo deploy.yml e defina o número de réplicas de volta para 5 e salve suas alterações. Agora corresponde ao que está implantado em seu cluster.

Resumo do capítulo

Neste capítulo, você aprendeu como dimensionar manualmente um Deployment editando seu arquivo YAML. Você também aprendeu como realizar operações de dimensionamento com o comando `kubectl scale`.

Você viu o Kubernetes tentar equilibrar novos Pods em todos os Nós do cluster. O Kubernetes também tem outro objeto que pode dimensionar Pods *automaticamente* com base na demanda.

9: Executar uma atualização contínua

Neste capítulo, você fará uma *atualização contínua com tempo de inatividade zero*. Se você não tiver certeza do que é isso, ótimo! Você está prestes a descobrir.

Vamos dividir este capítulo da seguinte maneira.

- Pré-requisitos
- Atualizar a aplicação

Todas as etapas neste capítulo podem ser concluídas nos clusters Docker Desktop e Linode Kubernetes Engine (LKE) que o Capítulo 3 mostrou como construir. Você também pode usar outros clusters do Kubernetes.

Pré-requisitos

Se você tem acompanhado os outros capítulos, terá tudo pronto para concluir este capítulo. Se isso for você, pule para a próxima seção.

Se você não tem acompanhado, siga estas etapas para configurar seu laboratório.

1. Obtenha um cluster Kubernetes e configure kubectl (consulte o Capítulo 3)
2. Clone o repositório qsk-book do GitHub (ver o Capítulo 5)
3. Implante a aplicação e Service de exemplo com o seguinte comando

Os comandos a seguir precisam ser executados a partir da pasta que contém os arquivos YAML.

Exemplo de Docker Desktop/cluster local

```
$ kubectl apply -f deploy.yml -f svc-local.yml
deployment.apps/qsk-deploy created
service/svc-local created
```

Linode Kubernetes Engine (LKE) /exemplo de cluster em nuvem

```
$ kubectl apply -f deploy.yml -f svc-cloud.yml
deployment.apps/qsk-deploy created
service/cloud-lb created
```

Execute os comandos kubectl get deployments e kubectl get svc para garantir que a aplicação e o Service estejam em execução.

```
$ kubectl get deployments
NAME          READY    UP-TO-DATE    AVAILABLE    AGE
qsk-deploy    5/5      5             5            4m


NAME          TYPE        CLUSTER-IP      EXTERNAL-IP    PORT(S)         AGE
svc-local     NodePort    10.128.97.167   <none>         8080:31111/TCP  4m
```

Pode levar um minuto para que os pods entrem na fase de running, mas assim que eles fizerem, você poderá prosseguir para a próxima seção.

Atualize a aplicação

A aplicação está sendo executado com 5 réplicas. Você pode verificar isso com kubectl get deployments.

Você configurará uma atualização contínua que força o Kubernetes a atualizar uma réplica por vez de maneira metódica até que todas as 5 réplicas estejam executando a nova versão. O Kubernetes oferece muitas opções para controlar como a atualização acontece, mas vamos manter a simplicidade e permitir que você explore opções mais avançadas em seu próprio tempo.

Você completará as etapas a seguir.

1. Edite o arquivo deploy.yml para especificar uma nova versão e definir as configurações de atualização

2. Reenvie o arquivo YAML para o Kubernetes

3. Observe o processo

4. Teste a nova versão da aplicação

Edite o arquivo YAML de Deployment

Abra o arquivo `deploy.yml` e altere a última linha (26) para referenciar a versão 1.1 da imagem. Adicione também as 6 novas linhas (10-15) conforme mostrado na lista a seguir.

```
1 apiVersion: apps/v1
2 kind: Deployment
3 metadata:
4   name: qsk-deploy
5 spec:
6   replicas: 5
7   selector:
8     matchLabels:
9       project: qsk-book
10    minReadySeconds: 20        <<== Adicione esta linha
11    strategy:                  <<== Adicione esta linha
12      type: RollingUpdate      <<== Adicione esta linha
13      rollingUpdate:           <<== Adicione esta linha
14        maxSurge: 1            <<== Adicione esta linha
15        maxUnavailable: 0      <<== Adicione esta linha
16    template:
17      metadata:
18        labels:
19          project: qsk-book
20      spec:
21        containers:
22        - name: hello-pod
23          imagePullPolicy: Always
24          ports:
25          - containerPort: 8080
26          image: nigelpoulton/qsk-book:1.1    <<== Configure para 1.1
```

Explicaremos o que as novas linhas fazem em um momento. Por enquanto, alguns pontos sobre como fazer as atualizações.

YAML é obcecado com a indentação adequada. Portanto, certifique-se de indentar a cada nova linha o número correto de *espaços*. Além disso, o arquivo usa espaços e **não tabulações (TAB)** para indentação. Você não pode misturar e combinar tabulações e espaços no mesmo arquivo, então você **deve usar espaços em vez de tabulações**.

O Kubernetes também é estrito quanto ao uso de *camelCase* e *PascalCase*. Certifique-se de usar a forma correta para todo o texto.

Se você tiver problemas para editar o arquivo, uma versão pré-pronta está no repositório GitHub chamada `rolling-update.yml`. Você pode usar ela.

Salve suas alterações.

Compreenda as configurações de atualização

A próxima etapa é enviar o arquivo atualizado ao Kubernetes. Mas vamos explicar o que essas linhas que você adicionou farão.

```
10  minReadySeconds: 20
11  strategy:
12    type: RollingUpdate
13    rollingUpdate:
14      maxSurge: 1
15      maxUnavailable: 0
```

`minReadySeconds` na linha 10 diz ao Kubernetes para esperar 20 segundos após atualizar cada réplica. Então... o Kubernetes atualizará a primeira réplica, esperará 20 segundos, atualizará a segunda réplica, esperará 20 segundos, atualizará a terceira... e assim em diante.

Esperar assim dá a você a chance de executar testes e certificar-se de que as novas réplicas estão funcionando conforme o esperado. No mundo real, você provavelmente esperará mais de 20 segundos.

Além disso, o Kubernetes não está *atualizando* réplicas. Ele está excluindo a réplica existente e substituindo-a por uma nova executando a nova versão.

As linhas 11 e 12 forçam o Kubernetes a realizar todas as atualizações para este Deployment como *atualizações contínuas*.

As linhas 14 e 15 forçam o Kubernetes a atualizar um Pod por vez. Funciona assim...

A linha 14 permite que o Kubernetes adicione um Pod extra durante uma operação de atualização. Temos 5 pods, então o Kubernetes pode aumentar para 6 durante a atualização. A linha 15 impede que o Kubernetes reduza o número de Pods durante uma atualização. Solicitamos 5 pods, portanto, o Kubernetes não pode ser inferior a isso. Quando combinadas, as linhas 14 e 15 forçam o Kubernetes a atualizar (substituir) um Pod por vez.

Execute a atualização contínua

Certifique-se de salvar as alterações e enviar o arquivo atualizado para o Kubernetes.

```
$ kubectl apply -f deploy.yml
deployment.apps/qsk-deploy configured
```

O Kubernetes agora começará a substituir os Pods, um de cada vez, com uma espera de 20 segundos entre cada um.

Monitore e verifique a atualização contínua

Você pode monitorar o progresso do trabalho com o seguinte comando. A saída foi reduzida para caber na página.

```
$ kubectl rollout status deployment qsk-deploy
Waiting for rollout to finish: 1 out of 5 have been updated...
Waiting for rollout to finish: 1 out of 5 have been updated...
Waiting for rollout to finish: 2 out of 5 have been updated...
Waiting for rollout to finish: 2 out of 5 have been updated...
Waiting for rollout to finish: 3 out of 5 have been updated...
Waiting for rollout to finish: 3 out of 5 have been updated...
Waiting for rollout to finish: 4 out of 5 have been updated...
Waiting for rollout to finish: 4 out of 5 have been updated...
Waiting for rollout to finish: 2 old replicas are pending termination...
Waiting for rollout to finish: 1 old replicas are pending termination...
deployment "qsk-deploy" successfully rolled out
```

Você também pode apontar seu navegador web para a aplicação e continuar atualizando a página. Algumas de suas requisições mostrarão a versão original da aplicação e outras mostrarão a nova versão. Assim que todas as 5 réplicas estiverem atualizadas, todas as solicitações retornarão a nova versão.

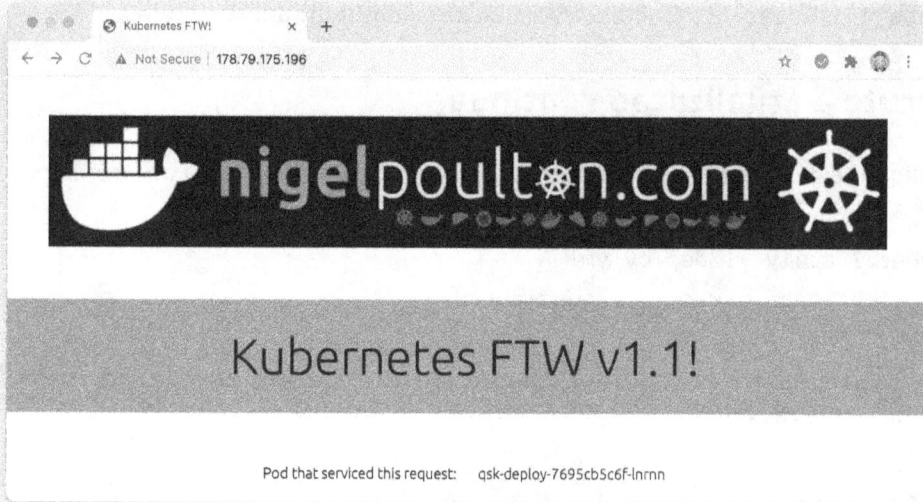

Figura 9.1

Parabéns. Você executou uma atualização contínua bem-sucedida de uma aplicação.

Limpar

Este é o fim do livro! Parabéns, agora você conhece os fundamentos do Kubernetes e do Cloud Native.

Os comandos a seguir mostram como excluir o Deployment e o Service de seu cluster.

Certifique-se de usar o nome do Service correto para seu cluster.

```
$ kubectl delete deployment qsk-deploy
deployment.apps "qsk-deploy" deleted

$ kubectl delete svc cloud-lb
service "cloud-lb" deleted
```

Se seu cluster estiver na nuvem, **certifique-se de excluí-lo quando não precisar mais dele**. Deixar de fazer isso incorrerá em custos indesejados.

Resumo do capítulo

Neste capítulo, você aprendeu como realizar uma atualização contínua de uma aplicação implantada por meio de um objeto de Deployment do Kubernetes.

Você editou o arquivo YAML de Deployment e adicionou instruções que controlavam como a atualização contínua fluía. Você editou a versão da imagem da aplicação e enviou a configuração atualizada para o Kubernetes. Você também monitorou e verificou a operação.

10: Próximos Passos

Parabéns por terminar o livro, realmente espero que tenha ajudado!

Se você leu tudo e seguiu os exemplos, você tem o básico e está pronto para dar os próximos passos.

Aqui estão algumas sugestões. E sim, estou recomendando um monte de coisas minhas. Mas aqui está a verdade...

- Se você gostou desse livro, vai adorar minhas outras coisas
- Estou superocupado e não tenho a chance de ler e testar as coisas de outras pessoas

Claro, se você não gostou disso, estou arrasado. Mas é o que é, e provavelmente você também não gostará das minhas outras coisas. Sinta-se à vontade para me enviar um ping e me dizer o que você não gostou.

Outros livros

Meu outro livro, The Kubernetes Book, é regularmente listado como um best-seller na Amazon e tem o maior número de avaliações com estrelas da Amazon de qualquer livro sobre Kubernetes. Foi escrito no mesmo estilo deste livro, mas cobre muito mais e dá muito mais detalhes. Também é atualizado anualmente, portanto, se você comprá-lo, saberá que está recebendo o que há de melhor e mais recente.

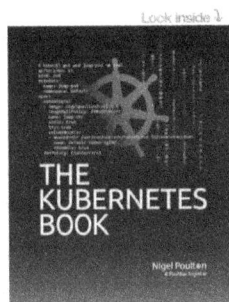

Look inside ↓

The Kubernetes Book
by Nigel Poulton
☆ ☆ ☆ ☆ ✫ ~ 653

Figura 10.1

Há também uma versão em áudio livro que me disseram que é genuinamente boa de se ouvir.

Ah, e também há uma edição em homenagem aos Klingon do Livro do Kubernetes! Esta edição tem uma capa escrita em Klingon com uma introdução especial. O resto do livro está em inglês. Se você gosta de Star Trek, é uma leitura obrigatória.

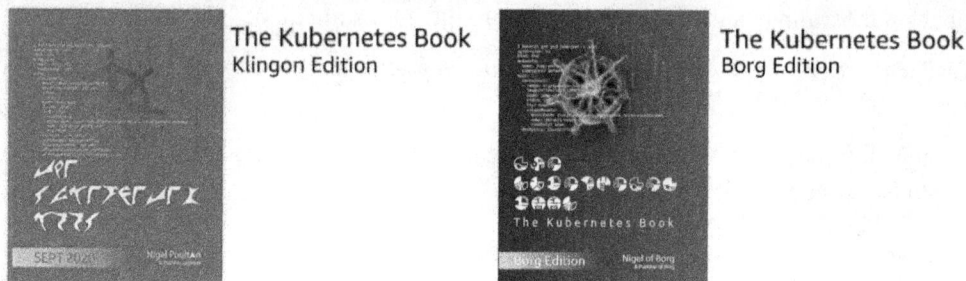

Figura 10.2

Cursos em Vídeo

Sou um grande fã de cursos em vídeo. É muito mais fácil explicar as coisas e se divertir.

Eu recomendo os seguintes, e ambas as plataformas geralmente têm ofertas onde você pode experimentar antes de comprar.

1. Docker e Kubernetes: The Big Picture (pluralsight.com)
2. Getting Started with Docker (pluralsight.com)
3. Getting Started with Kubernetes (pluralsight.com)
4. Kubernetes Deep Dive (acloud.guru)

Você pode ver uma lista de todos os meus cursos em vídeo em `nigelpoulton.com/video-courses`

Eventos

Sou um grande fã de eventos da comunidade. Eu prefiro eventos presenciais, mas tivemos alguns eventos decentes de transmissão ao vivo nos últimos um ou dois anos.

Meu evento pessoal favorito é o KubeCon e eu recomendo fortemente que você participe, se puder.

Eu também recomendo encontros da comunidade local. Pesquise qualquer um dos seguintes itens no Google para encontrar um local para você.

- "Kubernetes Meetups perto de mim"
- "Cloud Native Meetups perto de mim"

Você precisará desativar temporariamente qualquer VPN ou outras ferramentas de privacidade do navegador para que essas pesquisas funcionem ;-)

Vamos nos conectar

Eu adoro tecnologia e adoro me conectar com os leitores. Embora eu não possa ser um suporte técnico gratuito, estou mais do que feliz em ajudar se você ficar preso com o básico. Por favor, por favor, não tenha medo de entrar em contato e se conectar, eu sou um cara legal :-D

- twitter.com/nigelpoulton
- https://www.linkedin.com/in/nigelpoulton/

Curta e Compartilhe

Eu adoraria se você deixasse uma crítica e classificação por estrelas do livro na Amazon - mesmo que não seja 5 estrelas. Você pode até deixar uma avaliação da Amazon se comprou o livro de outro lugar!

Vida longa e próspera. Tchau.

Apêndice A: Código dos Laboratórios

Este apêndice contém todos os exercícios de laboratório do livro, em ordem. Ele pressupõe que você tenha um cluster Kubernetes, instalado Docker, Git instalado e configurado `kubectl` para se comunicar com seu cluster.

Eu o incluí para tornar mais fácil percorrer os laboratórios para os exercícios práticos extras. Também é útil se você está tentando lembrar um comando ou exemplo específico, mas não consegue lembrar de qual capítulo ele é.

Capítulo 5: Criando uma aplicação em contêiner

Clone o repositório do livro do GitHub.

```
$ git clone https://github.com/nigelpoulton/qsk-book.git
Cloning into 'qsk-book'...
```

Mude para o diretório qsk-book/App e execute um comando `ls` para listar seu conteúdo.

```
$ cd qsk-book/App
```

```
$ ls
Dockerfile   app.js  bootstrap.css
views     package.json
```

Execute o seguinte comando para criar o repositório do aplicativo em uma imagem de contêiner. Você deve executar o comando de dentro do diretório App. Se você tiver uma conta Docker Hub, certifique-se de usar seu próprio Docker ID.

```
$ docker image build -t nigelpoulton/qsk-book:1.0 .

[+] Building 66.9s (8/8) FINISHED                      0.1s
<Snip>
=> naming to docker.io/nigelpoulton/qsk-book:1.0       0.0s
```

Verifique se a imagem está presente em sua máquina local.

```
$ docker image ls
REPOSITORY              TAG     IMAGE ID      CREATED        SIZE
nigelpoulton/qsk-book   1.0     e4477597d5e4  3 minutes ago  177MB
```

Envie a imagem para o Docker Hub (Push). Esta etapa só funcionará se você tiver uma conta Docker Hub. Lembre-se de substituir para o seu ID do Docker Hub.

```
$ docker image push nigelpoulton/qsk-book:1.0

f4576e76ed1: Pushed
ca60f24a8154: Pushed
0dcc3a6346bc: Mounted from library/node
6f2e5c7a8f99: Mounted from library/node
6752c6e5a2a1: Mounted from library/node
79c320b5a45c: Mounted from library/node
e4b1e8d0745b: Mounted from library/node
1.0: digest: sha256:7c593...7198f1 size: 1787
```

Capítulo 6: Executando uma aplicação no Kubernetes

Liste os Nós em seu cluster K8s.

```
$ kubectl get nodes
NAME                          STATUS   ROLES    AGE   VERSION
lke16405-20053-5ff63e4400b7   Ready    <none>   5m    v1.22.0
lke16405-20053-5ff63e446413   Ready    <none>   5m    v1.22.0
```

O comando a seguir precisa ser executado a partir da raiz do repositório GitHub. Se você estiver atualmente no diretório App, precisará executar o comando "cd .." para voltar um nível.

Implantar a aplicação definida em pod.yml.

```
$ kubectl apply -f pod.yml
pod/first-pod created
```

Verifique se o pod está em execução.

```
$ kubectl get pods
NAME        READY   STATUS    RESTARTS   AGE
first-pod   1/1     Running   0          8s
```

Obtenha informações detalhadas sobre o pod em execução. A saída foi reduzida.

```
$ kubectl describe pod first-pod

Name:         first-pod
Namespace:    default
Node:         docker-desktop/192.168.65.3
Labels:       project=qsk-book
Status:       Running
IPs:
  IP:  10.1.0.11
<Snip>
```

Implante o Service. Use svc-local.yml se você estiver executando um cluster em seu laptop. Use svc-cloud.yml se o seu cluster estiver na nuvem.

```
$ kubectl apply -f svc-cloud.yml'
service/cloud-lb created
```

Verifique o IP externo (IP público) do Service. Seu Service só terá um IP externo se estiver sendo executado em um provedor de nuvem.

```
$ kubectl get svc
NAME        TYPE           CLUSTER-IP       EXTERNAL-IP       PORT(S)
cloud-lb    LoadBalancer   10.128.29.224    212.71.236.112    80:30956/TCP
```

Você pode se conectar a aplicação por meio do navegador. Para obter informações detalhadas, consulte o Capítulo 6.

Execute os comandos a seguir para excluir o Pod e o Service.

```
$ kubectl delete svc cloud-lb
service "cloud-lb" deleted
```

```
$ kubectl delete pod first-pod
pod "first-pod" deleted
```

Capítulo 7: Adicionando self-healing

Execute o seguinte comando para implantar a aplicação especificada em deploy.yml.

```
$ kubectl apply -f deploy.yml
deployment.apps/qsk-deploy created
```

Verifique o status do Deployment e dos Pods que ele está gerenciando.

```
$ kubectl get deployments
NAME          READY   UP-TO-DATE    AVAILABLE    AGE
qsk-deploy    5/5     5             5            4m


$ kubectl get pods
NAME                      READY   STATUS    RESTARTS   AGE
qsk-deploy-6999...wv8     0/1     Running   0          4m
qsk-deploy-6999...9nl     0/1     Running   0          4m
qsk-deploy-6999...g8t     0/1     Running   0          4m
qsk-deploy-6999...xp7     0/1     Running   0          4m
qsk-deploy-6999...17f     0/1     Running   0          4m
```

Exclua um dos Pods. Seus Pods terão nomes diferentes.

```
$ kubectl delete pod qsk-deploy-69996c4549-r59nl
pod "qsk-deploy-69996c4549-r59nl" deleted
```

Liste os Pods para ver o novo Pod do Kubernetes iniciando automaticamente.

```
$ kubectl get pods
NAME                           READY   STATUS    RESTARTS   AGE
qsk-deploy-69996c4549-mwl7f    1/1     Running   0          20m
qsk-deploy-69996c4549-9xwv8    1/1     Running   0          20m
qsk-deploy-69996c4549-ksg8t    1/1     Running   0          20m
qsk-deploy-69996c4549-qmxp7    1/1     Running   0          20m
qsk-deploy-69996c4549-hd5pn    1/1     Running   0          5s
```

Capítulo 8: Escalando uma aplicação

Edite o arquivo deploy.yml e mude o número de réplicas de 5 para 10. **Salve suas alterações**.

Reenvie o Deployment no Kubernetes.

```
$ kubectl apply -f deploy.yml
deployment.apps/qsk-deploy configured
```

Verifique o status do Deployment.

```
$ kubectl get deployment qsk-deploy
NAME            READY   UP-TO-DATE   AVAILABLE   AGE
qsk-deploy      10/10   10           10          4h43m
```

Diminua as instâncias da aplicação com kubectl scale.

```
$ kubectl scale --replicas 5 deployment/qsk-deploy
deployment.apps/qsk-deploy scaled
```

Verifique o número de Pods.

```
$ kubectl get pods
qsk-deploy-bbc5cf95d-58r44    1/1     Running   0     4h55m
qsk-deploy-bbc5cf95d-6bqmk    1/1     Running   0     4h37m
qsk-deploy-bbc5cf95d-npk4c    1/1     Running   0     4h55m
qsk-deploy-bbc5cf95d-plcj2    1/1     Running   0     4h55m
qsk-deploy-bbc5cf95d-ps9nt    1/1     Running   0     4h37m
```

Edite o arquivo deploy.yml e defina o número de réplicas de volta para 5 e **salve suas alterações**.

Capítulo 9: Executando uma atualização contínua

Edite o arquivo deploy.yml e mude a versão da imagem de 1.0 para 1.1.

Adicione as seguintes linhas na seção spec.

```
minReadySeconds: 20
strategy:
  type: RollingUpdate
  rollingUpdate:
    maxSurge: 1
    maxUnavailable: 0
```

Salve as alterações.

Aplique o arquivo YAML atualizado para o Kubernetes.

```
$ kubectl apply -f deploy.yml
deployment.apps/qsk-deploy configured
```

Verifique o status da atualização contínua.

```
$ kubectl rollout status deployment qsk-deploy
Waiting to finish: 1 out of 5 new replicas have been updated...
Waiting to finish: 1 out of 5 new replicas have been updated...
Waiting to finish: 2 out of 5 new replicas have been updated...
<Snip>
```

Remova os objetos Deployment e Service.

```
$ kubectl delete deployment qsk-deploy
deployment.apps "qsk-deploy" deleted
```

```
$ kubectl delete svc cloud-lb
service "cloud-lb" deleted
```

Glossário

Este glossário define alguns dos termos mais comuns relacionados ao Kubernetes usados no livro. Inclui apenas os termos usados no livro. Para obter uma cobertura mais detalhada do Kubernetes, consulte o *The Kubernetes Book*.

Envie-me uma mensagem se você acha que esqueci algo importante:

- https://nigelpoulton.com/contact-us
- https://twitter.com/nigelpoulton
- https://www.linkedin.com/in/nigelpoulton/

Como sempre... sei que algumas pessoas são apaixonadas por suas próprias definições de termos técnicos. Eu não tenho nenhum problema com isso, e não estou dizendo que minhas definições sejam melhores do que as de qualquer outra pessoa - elas estão aqui apenas para serem úteis.

Termo	Definição (de acordo com o Nigel)
API Server (Servidor de API)	Parte do Plano de Controle (Control Plane) do K8s e roda em nós Mestres. Toda a comunicação com o Kubernetes passa pelo servidor da API. Os comandos e respostas `kubectl` passam pelo servidor API.
Container	Uma aplicação empacotado para ser executado no Docker ou no Kubernetes. Assim como uma aplicação, cada contêiner é um sistema operacional virtual com sua própria árvore de processos, sistema de arquivos, memória compartilhada e muito mais.

Termo	Definição (de acordo com o Nigel)
Cloud-native	Este é um termo complexo e significa coisas diferentes para diferentes pessoas. Eu pessoalmente considero uma aplicação *nativa da nuvem* se ela puder se auto-recuperar, escalar sob demanda, executar atualizações contínuas e rollbacks. Elas geralmente são aplicações de microsserviços e rodam no Kubernetes.
Container runtime	Software de baixo nível em execução em cada Nó do cluster responsável por puxar imagens de contêiner, iniciar e parar contêineres. O contêiner runtime mais famoso é o Docker, no entanto, **containerd** está se tornando o container runtime mais popular usado pelo Kubernetes.
Controller	Processo do Plano de Controle (Control Plane) em execução como um loop de reconciliação, monitorando o cluster e fazendo as mudanças necessárias para que o estado observado do cluster corresponda ao estado desejado.
Cluster store	Recurso de plano de controle que mantém o estado do cluster e das aplicações.
Deployment	Controlador que implanta e gerencia um conjunto de Pods sem estado. Executa atualizações contínuas e rollbacks e pode fazer auto-recuperação.

Termo	Definição (de acordo com o Nigel)
Desired state (Estado desejado)	Como o cluster e as aplicações devem ficar. Por exemplo, o *estado desejado* de uma aplicação de microsserviço pode ser 5 réplicas do contêiner xyz escutando na porta 8080/tcp.
K8s	Forma abreviada de escrever Kubernetes. O 8 substitui os oito caracteres no Kubernetes entre o "K" e o "s". Pronuncia-se "Keitis". O motivo pelo qual as pessoas dizem que a namorada de Kubernetes se chama Kate.
kubectl	Ferramenta de linha de comando do Kubernetes. Envia comandos para o servidor de API e consulta o estado por meio do servidor de API.
Kubelet	O principal agente do Kubernetes em execução em cada Nó do cluster. Ele observa o servidor de API em busca de novas atribuições de trabalho e mantém um canal de relatórios de volta.
Label	Metadados aplicados a objetos para agrupamento. Por exemplo, os Services que enviam tráfego para Pods com base em labels (rótulos) correspondentes.
Manifest file (Arquivo de manifesto)	Arquivo YAML que contém a configuração de um ou mais objetos Kubernetes. Por exemplo, um arquivo de manifesto de Service é normalmente um arquivo YAML que contém a configuração de um objeto Service. Quando você publica um arquivo de manifesto no servidor de API, a configuração é implantada no cluster.

Termo	Definição (de acordo com o Nigel)
Master	Nó de um cluster executando serviços do plano de controle (Control Plane). O cérebro de um cluster Kubernetes. Você deve implantar 3 ou 5 para alta disponibilidade.
Microservices (Microsserviços)	Um padrão de projeto para aplicações modernas. Os recursos da aplicação são divididos em suas próprios pequenas aplicações (microsserviços/contêineres) e se comunicam por meio de APIs. Elas trabalham juntas para formar uma aplicação funcional.
Node	Também conhecido como nó de trabalho (Worker Node). Os nós em um cluster que executam as aplicações do usuário. Deve executar o processo kubelet e um contêiner runtime.
Observed state (Estado observado)	Também conhecido como *estado atual* ou *estado real*. A visão mais atualizada do cluster e das aplicações em execução.
Orchestrator (Orquestrador)	Um software que implanta e gerencia aplicações de microsserviços. O Kubernetes é o orquestrador de aplicações de microsserviços baseados em contêineres mais popular.
Pod	Um encapsulamento que permite que os contêineres sejam executados no Kubernetes. Definido em um arquivo YAML.

Termo	Definição (de acordo com o Nigel)
Reconciliation loop (Loop de reconciliação)	Um processo controlador que observa o estado do cluster, por meio do Servidor de API, garantindo que o estado observado corresponda ao estado desejado. O controlador de Deployment é executado como um loop de reconciliação.
Service	"S" Maiúsculo. Objeto do Kubernetes para fornecer acesso à rede para aplicações executadas em pods. Pode se integrar com plataformas de nuvem e provisionar balanceadores de carga voltados para a Internet.
YAML	Yet Another Markup Language. A linguagem na qual os arquivos de configuração do Kubernetes são gravados.

www.ingramcontent.com/pod-product-compliance
Lightning Source LLC
Chambersburg PA
CBHW051225200326
41519CB00025B/7252